国家出版基金项目

"十二五"国家重点图书出版规划

中国古代名窑系列丛书

洪州窑

赖金明

张文江／ 著

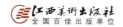

江西美术出版社

全国百佳出版单位

　　我国陶瓷历史悠久，古陶瓷深受世人青睐，国内外倾其毕生精力搜集、珍藏、探索和潜心研究者不乏其人。近几十年来，随着国家对文物研究和保护力度的加强，有关部门对一些历史名窑相继进行了一定程度的发掘与整理，所掘精品迭出，弥补了古陶瓷鉴赏中历史资料之不足。一些古陶瓷研究与鉴赏中的难题，也随着第一手资料的获得，迎刃而解。不少文物专家、学者，毕其一生着力于一个窑口的探索与研究，也取得了令人瞩目的成果。

　　江西美术出版社从需求和可能出发，策划出版《中国古代名窑系列丛书》，以各窑系、窑口古瓷的鉴赏命题，约请各方专家著述，这对于系统介绍唐宋以来各名窑名瓷详情、弘扬传统文化，实为可贵。每部书稿资料翔实，论述周详，剖析精微，相形于时下众多泛泛而论的鉴赏之作，实为述而有纲，言而有物。垂注于古陶瓷的鉴赏者如能从一个窑系、窑口的研究出发，触类旁通，这也是古陶瓷鉴赏的一条门径。

　　《中国古代名窑系列丛书》补史料之缺，应大众之需。编撰者已经辛劳数年，今观新篇，欣慰之至，志此数言，是为序。

耿宝昌

于北京

目录

第一章　洪州窑概况

洪州窑不仅是东汉晚期至五代时期重要的青瓷窑场，是长江中游地区最重要的两个青瓷产区之一，与同时期的浙江越窑、金华婺州窑、湖南湘阴岳州窑、安徽淮南寿州窑齐名。而且制瓷时间长达800多年，在中国陶瓷发展史上占有重要的地位。1979年江西省历史博物馆考古工作队对洪州窑遗址进行了首次科学考古发掘；此后，江西省文物考古研究所会同北京大学考古文博学院（前身为考古系）、江西省丰城市博物馆先后多次对丰城市境内的洪州窑遗址进行考古调查和发掘，获重大成果。鉴于洪州窑遗址的重要性、考古发掘的科学严谨、资料记录的全面、洪州窑的历史地位和研究的深入，洪州窑的考古发掘工作被评为"1993年度全国考古十大新发现"。此前的1987年，江西省人民政府公布其为第三批江西省文物保护单位；1996年洪州窑遗址被国务院公布为全国重点文物保护单位[1]，洪州窑遗址的文物保护纳入各级文物保护体系，得到很好的保护宣传和传承（图1）。

洪州窑不但遗址范围分布广泛，窑场烧造瓷器的历史悠久，而且生产的瓷器造型繁多，胎质坚致细腻，釉色虽然以青釉和青褐釉为主，但釉的呈色多样，釉层厚薄均匀透明，玻璃质感较强，纹样装饰独特，整体呈现简朴风格，图案布局整齐规整，刻划、戳印、镂孔、堆塑、点彩等多种装饰技法并用，手法高超，诚为同时期其他青釉窑场所不及，深受当时人的喜爱，其产品在唐天宝年间一度作为地方特产进贡皇帝，甚至远销海外，位列唐代全国六大青瓷名窑之内，是我国南方地区重要的青瓷产地。考古资料和研究表明洪州窑最迟在东汉晚期就能烧制成熟的青瓷，历经三国吴积累，西晋的发展，东晋、南朝进入兴盛期，盛烧时间一直延续到盛唐，晚唐、五代时期逐渐衰落，在五代以后退出历史舞台，前后延续烧造瓷器的时间长达800年之久[2]。

[1]1996年11月20日国务院公布"第四批全国重点文物保护单位名单"。
[2]张文江等：《汉唐青瓷名窑——江西丰城洪州窑》，《南方文物》2008年第1期。

图1.寺前山洪州窑遗址

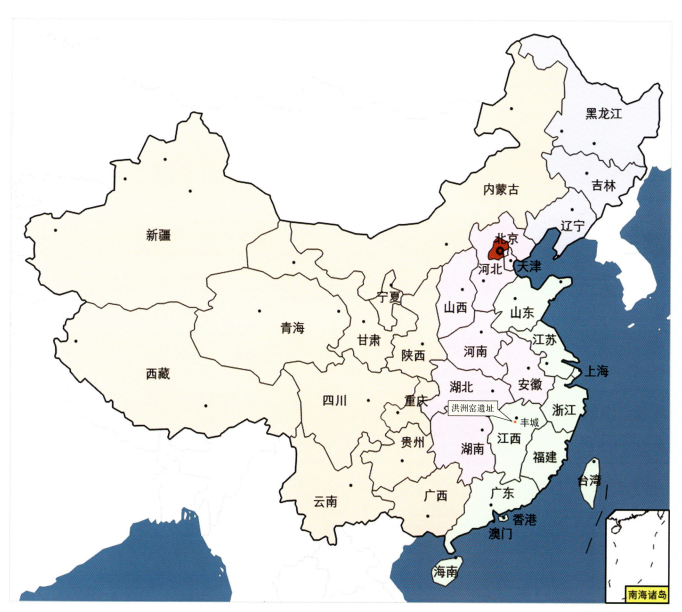

图2.洪州窑遗址区位图

（一） 地理位置

江西省位于长江中游南岸。由省会南昌溯赣江而上，行60千米即至丰城市。丰城市位于江西省中部，赣江下游，鄱阳湖盆地南端，东界临川、进贤，南临崇仁、乐安、新干，西接樟树、高安，北连新建、南昌。赣鄱大地江西的母亲河——赣江，是古代中原通往岭南地区交通大动脉的重要组成部分，尤其是自隋代大运河开通和唐代张九龄拓宽大庾岭之后，中国南北大通道的主要部分。赣江自西向东斜贯丰城全境，把市境分成两部分，在丰城境内的赣江两岸、清丰山溪河底、河东岸畔及药湖南岸等地的丘陵地带可见如山似岗的窑业堆积，青瓷和窑具、窑工具残片散布地面，俯拾皆是，这就是唐代六大青瓷名窑的洪州窑遗址所在（图2）。

洪州窑是古代著名的青瓷窑场。遗址位于江西省南昌市南的丰城市境内，地理坐标为北纬28°07′至28°23′，东经115°40′至115°54′，分布面积约51.51平方千米，核心区域面积为40多万平方千米。截至2013年底的考古调查资料，丰城境内发现洪州窑窑址共计44处，涉及丰城市境内的曲江镇、梅林镇、同田乡、尚庄街道、石滩镇和剑南街道办6个乡镇（街道办）的11个行政村。这些窑址均分布在江西省丰城市境内赣江流域或与赣江流域相通的药湖南岸的山坡、丘陵冈埠以及清丰山溪河底、河东岸畔的丘陵缓坡地带，从最南面剑南街道办的罗坊窑址到最北面同田乡的麦园

窑址相距20千米，其中最宽处的曲江镇罗湖窑址群宽约1千米，石滩镇故县村窑址至港塘村窑址延伸2千米。从各窑址采集出土的遗物分析，整体特征相同，同时期的风格基本相同，不同时期的具有明显的继承和发展演变关系，地理上以赣江为纽带，基本连成一体。南昌古时称为洪州，丰城市辖区在唐代隶属洪州管辖，从地理位置与行政区划看，窑址所在地在唐代属洪州大都督府所辖七县之一，依据唐宋时期窑址命名多数以窑场所在的州命名的原则，洪州窑因其窑址主要分布于洪州，所以称为"洪州窑"，结合考古学研究命名首先考虑有历史记载的通行方法，因陆羽《茶经》有"洪州瓷"的记载，"洪州窑"因而得名。

（二） 历史沿革

丰城历史悠久[3]。远在1万年前的新石器时代早期，就有人类在这里劳动生息。到新石器时代晚期，丰城境内先民活动日趋频繁，先人用石头做成刀、斧、铲等工具，打猎捕食，并逐渐学会种植农作物和驯养动物。1983年7月在荣塘乡弓塘村官坟山出土1件与良渚文化类型玉琮相似的兽面纹玉琮。商周时期居民已开始烧造和使用印纹硬陶。公元前770年到公元前220年的春秋战国时期，丰城先后为吴、越和楚国辖地。据考古研究发现，在拖船乡丽城和曲江镇缺口城，当时人口繁衍旺盛，

经济开始发展。秦始皇统一中国之后到西汉景帝前元四年（公元前221年—公元前153年）期间，丰城属淮南国九江郡。景帝中元元年到东汉献帝建安十四年（公元前149年—公元209年）属豫章郡南昌县管辖。东汉建安十五年（210）割据东吴的孙权划南昌县南境设富城县，县城设富水之西，此为丰城建县之始。西晋太康元年（280）因县城"人口未集，城郭未竣"，县城移至丰水之西（今荣塘圩），改名丰城县。南朝梁武帝大同二年（536），以县大难治，割丰城东境分立广丰县（县治在故县）、新安县，三县均属江州巴山郡管辖。至陈永定、天嘉年间（557—566），并新安县入广丰县，三县复合，县治仍设故县，隶属抚州总管府辖区。这里也是洪州窑早期的窑业中心港塘故县村窑址所在。隋开皇九年（589）并丰城入广丰县，至此三县合为广丰县，县治设在故县（石滩乡境内），属抚州总管府辖区。隋仁寿二年（602），避皇太子杨广讳，改广丰为丰城县。隋大业十二年至唐武德四年（616—621），归属林士宏领导农民起义军称帝的"楚国"管辖，县治故县毁于战火。唐永二年（651），迁县治于赣江东岸（今剑光镇），隶属江南西道洪州都督府。唐天复二年（902），因避梁王朱温父朱诚讳，改丰城县为吴皋县。后唐同光六年（923），复改吴皋为丰城县。宋隆兴二年（1164），丰城隶属隆兴府。元至元二十三年（1286），丰城县户满5万，升县为州，称富州，

---

[3]丰城县县志编纂委员会：《丰城县志》，上海人民出版社，1989年12月。

先后隶属江西行中书省隆兴府龙兴路辖域。明洪武九年（1376），丰城改州为县，仍称丰城县，属江西布政使司南昌府所辖，直至清代。历年来丰城均归属南昌管辖。民国时期，先属豫章郡，后属江西省第一、第二、第十一行政区。1949年5月，丰城县解放，先归属南昌专署，1958年南昌专署迁设于宜春，1959年更名为宜春专署，丰城归其管辖。现归江西宜春市管辖。

（三）优越的自然条件

丰城市气候温和，雨量充沛，光照充足，霜期较短，生长季长。春夏之交多雷雨，夏季盛行西南风，盛夏炎热高温，伏秋之间久晴少雨。全年平均气温为15.3°C—17.7°C，日最高气温≥35°C的天数年平均27.9天，日最低气温≤0°C的天数年平均23.4天。全年日照时数平均1935.7小时，太阳年总辐射量为110.75千卡/厘米²。年平均降水量1552.1毫米，年平均降水天数为154天，降水最多是5月，最少是9月。年平均空气相对湿度81%，无霜期274天[4]。

丰城地质年代古老，约在4亿年前，境内地域由海洋上升为陆地，古蕨植物丛生，森林繁茂。3亿年前又陷为海洋，到2亿年后，复升为陆地。地质构造复杂，岩层较多，分布也广。整个地势由西南向东北倾斜，南北高，中间低。最高海拔1169.1米（玉华山），最低海拔18米（药湖）。全境以低丘平原地形为主，波状起伏，呈马鞍形。区域总面积2844.69平方千米，占全省总面积的1.71%。

丰城资源富饶，地上盛产"黄金（稻谷）"，地下储藏"乌金"（煤），素有"煤海粮仓金丰城"之美称。丰城瓷土、煤等矿产资源丰富，是全国重点煤碳工业基地。大约在2000年前的西汉时期，一种神奇的能燃烧的黑色石块在江西被发现并被记载，《前汉书》载"豫章郡生石，可燃以为薪"，考察豫章郡所辖各县，这里所指极有可能就是丰城。一般瓷土与煤炭资源共生，如河北观台磁州窑、陕西耀州窑遗址所在地附近煤炭与瓷土的藏量均很丰富，而且相互共生。丰城市山峰甚多，赣江东岸属武夷山余脉，赣江以西属九岭山余脉，共有大小山岭岗丘306座，其中海拔在100米以上的187座，境内丘陵与低丘起伏，山岭连绵，森林茂密，柴薪充裕，燃料充足。

境内江河纵横，湖溪遍布，水系发达。以斜贯全境的赣江、流经北缘的锦江和东部的抚河为主。赣江自西南向东北斜贯境内中部平原，流经丰城市的泉港、拖船、尚庄、河洲、剑光、剑南、曲江、小港、同田等乡镇（街办），长达52千米；锦江由西向东从县域北部边陲环绕，流经丰城市的隍城、同田2个乡镇，长达22千米；抚河自东向北擦境而过，流经丰城市袁渡镇，长达10.6千米。赣江东岸有纵横全境的艻、丰、富、秀、槎、白土等水，顺着地势向西北汇入清丰山溪主河道，注入赣江。河西主要有松溪、石溪水，发源于与高安县交界的山岭处，流经河西大部地区，注入药湖。另有大小湖泊10余座。总水域面积47.2万亩，可灌溉旱涝稳收农田88万亩（占耕地总面积65.57%）。不仅为制瓷手工业提供了充足的水资源，同时为产品的销售提供了便利的交通，是烧造陶瓷的优良场所。

（四）丰富的人文资源

丰城自古以来人文鼎盛，钟灵毓秀，人杰地灵，敦厚诚实，勤劳智慧，在生产实践中创造了光辉灿烂的文化。传说西晋永平元年（291），丰城县治曾有"紫气冲斗牛星"，县令雷焕挖牢狱地基得春秋时干将、莫邪雌雄宝剑，丰城别名"剑邑"。唐代文学家王勃《滕王阁序》中"物华天宝，龙光射斗牛之墟；人杰地灵，徐孺下陈蕃之榻"的诗句便是对丰城的美好赞誉，其中的龙光便是龙光书院，在丰城西南部荣塘境内，即丰城古县治之地，徐孺子就是丰城的古代先贤。这里名人辈出，是东汉高士徐孺子、晋代大司马涂钦、江西历史上的第一个状元王季、明朝抗倭名将邓子龙的故里，又是革命元老、当代著名作家、中国大型辞书《辞海》的主编和中国大百科全书总编委夏征农以及中国近代戏剧教育家熊佛西的家乡。

丰城制瓷条件十分优越，制瓷传

[4]丰城县县志编纂委员会：《丰城县志》，上海人民出版社，1989年12月。

统也非常悠久，而且连绵不断，洪州窑从东汉晚期延续烧造到晚唐五代，中经宋元时期钳石窑的发展，直到近现代铁路乡的缸瓦窑仍在生产瓷器。丰城制瓷人才出众，早有洪州窑各时期的制瓷大师，近代有"青花大王"王步，现代有仿古大师黄云鹏，均是丰城人士。

丰城境内丘陵起伏，山岭连绵，森林茂密，瓷土、煤等矿产资源丰富，制瓷所需的原料和燃料充足。河流众多，水网密布，水路交通方便，不仅为制瓷手工业提供了充足的水源，而且为制瓷原料、生活所需物资以及产品的销售提供了便利的水上运输，是烧造陶瓷的优良场所。丰城古代劳动人民正是依靠自己勤劳的双手和聪明才智，利用丰城丰富的制瓷资源，烧制出著名的洪州窑青瓷器。

（五） 文献记载

虽然洪州窑是唐代六大青瓷名窑之一，然而由于古代统治阶级和文人雅士把瓷器手工业视为贱业之故，洪州窑在历代文献著录中罕有载记，野史笔记也难见踪迹，致使洪州窑鲜为人知。即便如此，直接记载洪州窑的文献却很早。

有关洪州窑的记载最早见于唐代复州竟陵（今湖北天门）人陆羽（733—804）于唐广德二年（764）著的《茶经》。《茶经》是中国乃至世界现存最早、最完整、最全面介绍茶的第一部专著，被誉为"茶叶百科全书"，由中国茶道的奠基人陆羽所著。此书是一部关于茶叶生产的历史、源流、现状、生产技术以及饮茶技艺、茶道原理的综合性论著，是一部划时代的茶学专著。被后人誉为"茶圣"的陆羽在《茶经》之《四之器》中写道："碗……越州上，鼎州次，婺州次，岳州次，寿州、洪州次。或者以邢州处越州上，殊为不然，若邢瓷类银，越瓷类玉，邢不如越一也；若邢瓷类雪，则越瓷类冰，邢不如越二也；邢瓷白而茶色丹，越瓷青而茶色绿，邢不如越三也。……越州瓷岳州瓷皆青，青则益茶，茶作红白之色；邢州瓷白茶色红，寿州瓷黄茶色紫；洪州瓷褐茶色黑，悉不宜茶。"[5]

这是洪州窑作为中国古代著名青瓷窑，首次见载于著录。《茶经》是一本茶书，而不是瓷器的专著，它仅仅是从饮茶、品茶人的角度，从茶碗的釉色和茶色是否相配，论述当时的著名青瓷和白瓷窑址的产品，来评定哪种瓷器的釉色更适宜饮茶，不是评定瓷质的优劣。而对一个瓷窑所生产瓷器质量的评定，应该是从胎质、釉色、造型、纹饰和制作工艺等方面综合分析研究，而绝不是偏重于某一方面。《茶经》只云"洪州瓷褐茶色黑，悉不宜茶"，没有谈及洪州窑窑场的位置地点、产品特征、分布状况及其他，不是评定整个洪州窑瓷质的优劣。已故著名历史学家范文澜先生在《中国通史》第三册中说：陆羽按照瓷色与茶色是否相配，来定名窑优劣，从饮茶的角度，仅以瓷色为主要标准去评定洪州青瓷，只能算是饮茶人的一种偏见，没有对洪州瓷有一个全面的认识。

虽然《茶经》认为"洪州瓷褐茶色黑，悉不宜茶"，并把洪州窑瓷碗排在六大青瓷名窑的最后，不过该书在谈及茶具中有："鍑，洪州以瓷为之，莱州以石为之，瓷与石皆雅器也。"同样从饮茶的角度推崇洪州窑生产的瓷鍑，认为是雅器。而其他的青瓷和白瓷窑场均没有提及有生产瓷器鍑的，可见洪州窑瓷器的特色和质量，尤其适合饮茶。

其实洪州窑生产的青瓷，历来深受当时人们的喜爱，早在唐玄宗时期，洪州窑瓷器就作为地方珍货进奉给皇宫。《新唐书》105卷《韦坚传》载："韦坚，京兆万年人……天宝元年三月擢为陕郡太守，水陆运使。……穿广运潭，以通舟楫，二年而成。坚预于东京汴梁取小斛底船三百只，置于潭侧，每舟署某郡，以所产暴陈其上。若广陵则锦、铜器、官端绫秀……豫章力士瓷、饮器、茗铛、釜……船皆尾相衔进，数十里不绝。关中不识连樯挟橹，观者骇异。"[6]也就是说唐玄宗天宝二年（743），陕郡太守、水陆运使、江淮南租调韦坚，引浐水抵长安"望春楼"下，凿为"广运潭"，唐玄宗诏

---

[5]左圭：《百川学海》壬集，36册。1921年上海博古斋影印本。

[6]《新唐书》卷105《韦坚传》，中华书局，1975年。

群臣到望春楼一起观新潭，韦坚率江淮并汴洛漕船300艘，船首尾相衔进，数十里不绝。漕船各署郡名，满载各郡轻货，其中"豫章郡力士瓷、饮器、茗铛、釜"。京城观者骇异，玄宗随后将其"赐贵戚朝官"。像这样盛大的手工业和土特产品的水上展示，并进贡给皇帝，江西名瓷独举豫章力士瓷、饮器、茗铛、釜，豫章名瓷就是洪州窑生产的瓷器，足以说明洪州窑青瓷器当时已经驰名，享誉全国。

这三条记载都是当时人记当时事，可以说非常真实、十分可靠，已成为当今人们研究洪州窑的重要文献资料。纵观洪州窑的文献记载，可以发现有关洪州窑的文献记载呈现出著录时代较早，记载文献少的现象，表现出洪州窑研究非常漫长的历程和单纯的文献著录特征。

洪州窑虽然最早著录于唐代陆羽著的《茶经》，其后《新唐书》卷105《韦坚传》也曾载明豫章名瓷（即洪州窑瓷器），由此能够明确洪州窑在洪州境内，但未能明确指出洪州窑的具体位置地点，更没有阐述洪州窑瓷器的产品特征和窑场分布状况等。洪州窑虽因《茶经》而闻名，但五代南唐以后因为洪州窑窑场停烧，成为

历史陈迹，渐渐湮没无闻，从人们的视野中消失，长期以来人们对这一南方青瓷重要的生产基地知之甚少。人们对洪州窑的了解仅仅停留在陆羽《茶经》和《新唐书》等相关文献的记载，直到清末民国时期由于考据学和收藏古玩的兴起，当时的学者和古董商通过古代文献来研究名窑名瓷，出现了一些对洪州窑的研究，但人们撰书、写文章提起洪州窑时，对它的具体地点众说纷纭，莫衷一是。主要有两种观点。一种观点认为洪州窑在南昌，以《景德镇陶录》[7]《增补古今瓷器源流考》[8]《文房肆考》《陶说》[9]《江西陶瓷沿革》[10]《中国陶瓷史》[11] 等的著者为代表，认为"洪州，今江西南昌之旧名也，唐于此烧瓷，故名洪州窑"。也有个别学者通过收藏的实物资料来研究洪州窑，如日本陶瓷考古学者藤冈了一根据收藏于南昌附近的一件洪州窑青釉莲瓣纹盘，认定洪州窑在"南昌南部一里许"。这一观点比较符合实际，为后来的考古发掘研究所证实。

另外一种观点认为洪州窑即是景德镇窑，江思清在《关于唐代洪州窑问题》一文认为洪州窑"不在南昌，

唐代的洪州窑，即是景德镇窑"[12]。《景德镇陶瓷史稿》的作者认为："景德镇以镇名则为新平，……以都督府则为洪州。唐代名窑通例，一般就大地名称呼，因此景德镇窑不称新平窑或浮梁窑，而应称之为洪州窑。"[13]现在看来这种观点是错误的，景德镇唐宋时期归属饶州，就是以州名命名也是饶州窑而不是洪州窑。更有的学者在时间地点上全方位错乱，诸如日本考古学者上田恭辅、渡边素舟，甚至把明代弋阳县翟志高窑说成是洪州窑并定其名曰"洪西窑"[14]。

清末民国时期有关洪州窑的研究呈现的显著特征是单纯依据以前的文献来考证，用文献考证文献，没有走出书斋，没有走向田野，没有实物依据和田野调查资料，所以结论是五花八门，众说纷纭。由于时代的局限，停留在洪州窑烧造地点和瓷器产品釉色等问题上，有的观点甚至是错误的。20世纪60代初，我国著名青瓷专家陈万里先生对上述研究做了总结性的评论，指出"所谓洪州窑，有人主张是在南昌，也有人认为就在景德镇，两说都不可靠。究竟在哪里？也需要实际调查的，方能确定"[15]。

[7]清·蓝浦：《景德镇陶录》卷七《古窑考》："洪州烧造者，亦见唐代洪州，今南昌府。……《茶经》云洪州瓷褐，令茶色黑。"《中国陶瓷名著汇编》，中国书店，1991年。

[8]邵蛰民：《增补古今瓷器源流考》："洪州窑，今江西南昌，自唐烧造瓷器，黄黑色。"

[9]唐秉钧：《文房肆考》卷三。朱琰：《陶说》卷三。均曰："江西窑，唐在洪州，今南昌，见《茶经》。"

[10]江西省建设厅编：《江西陶瓷沿革》第三章《洪州窑青瓷器》云："洪州窑，唐代之洪都烧造者，即今之南昌府。"

[11]吴仁敬、辛安潮：《中国陶瓷史》第七章《隋唐时代》，北京图书馆出版社，1998年。

[12]江思清：《关于唐代洪州窑问题》，《文物参考资料》1958年第2期。

[13]江西省轻工业研究所：《景德镇陶瓷史稿》，P51。生活•读书•新知三联书店出版。

[14]小山富士夫：《支那青瓷史稿》P269。

[15]陈万里：《中国瓷器史上存在着的问题》，《文物》1963年第1期。

（六） 考古历程

洪州窑是唐代六大青瓷名窑之一，最早见载于唐代陆羽所著的《茶经》。窑址自1977年11月发现以来，迄今30多年，对洪州窑的考古调查研究进行得较为充分。江西省历史博物馆考古队于1979年秋冬对其进行首次考古发掘，此后江西省市的文物工作者陆续进行过多次考古调查，在前期的基础上又发现几十处同类型的洪州窑遗址。1992—1995年，江西省文物考古研究所、北京大学考古文博学院（前身是考古系）和丰城市博物馆联合对洪州窑遗址进行全面、细致的复查，在此基础上重点选择了7处不同地域不同时期的窑址先后进行过3次考古发掘。1996年国务院公布其为全国重点文物保护单位，2004年2－5月，江西省文物考古研究所和丰城市博物馆联合对地处丰城市石滩镇港塘村清丰河河东岸畔的陈家山洪州窑遗址进行考古发掘，同时对附近的窑址进行了再次调查。洪州窑的考古调查发掘研究取得非常大的成绩，洪州窑及其有关的瓷业文化研究不仅在国内，而且在国外，有广泛的人群，深厚的基础；研究内容涉及窑址的发现、命名、确认、时空分布、源流关系、窑址之间的技术交流以及手工业的发展情况、对社会生活的影响、在历史发展中的作用等等，从而对洪州窑的面貌有了较为清晰的了解。纵观洪州窑的考古研究历程可以分为2个阶段：20世纪60年代至80年代末是洪州窑遗址的发现和初步研究阶段，20世纪90年代至今是洪州窑遗址全面调查、重点发掘和深入系统研究阶段。

第一阶段，洪州窑遗址的发现和初步研究阶段，时间集中在20世纪60年代至80年代末。

经过人们的努力，特别是解放以来我国考古事业的蓬勃发展，考古工作取得了前所未有的成绩，《茶经》中所涉及的瓷窑遗址，除鼎州窑外，都找到了窑址所在地，洪州窑也不例外。随着洪州窑遗址的发现和确认，洪州窑遗址点的增多，田野资料的逐步积累，洪州窑引起世人的关注，引发古陶瓷研究学者对洪州窑的研究，并取得了较大的成果，这个阶段洪州窑的研究主要集中在洪州窑遗址的发现、试掘和确认，不但解决了唐代洪州窑所在地的问题，而且一些学者开始对其分布、源流、瓷器品种、工艺、装饰、装烧、窑炉以及地位进行了初步研究，取得了较大的成果。代表性的学者以余家栋、万良田、唐昌朴等先生为主。

洪州窑遗址的调查与发现。 有关洪州窑遗址的发现最早的应该是1977年，江西省历史博物馆考古队唐昌朴先生会同丰城市文物陈列室万良田等在丰城县曲江镇罗湖村一带发现象山、寺前山、狮子山等多处青瓷窑址[16]。这几处东晋至唐代时期面积较大、堆积较厚、延续烧造时间较长的青瓷窑址的发现，引起了有关考古单位的重视和学术界的广泛关注。人们开始把这几处窑址与历史上的洪州窑联系起来。其实在这之前的1958年初，江西省文物管理委员会文物工作队曾在丰城县曲江镇"曲江街东端"发现"古代陶窑遗址一处，……面积达数十亩，大部分为菜园地，陶片遍布地面，厚度约达一公尺。……陶片之中夹杂有宋、元、明古代瓷片，以明代的居多，甚至还有整个的青瓷碗，证明这个陶瓷窑是明以前的遗物"[17]，由于时代的局限和当时的认识，没有引起学术界足够的重视，甚至把它称"陶窑遗址"，这处瓷窑遗址就是位于现今丰城市曲江镇曲江小学操场上的窑仔岗洪州窑遗址。此后江西省以及丰城市的文物工作者多次对这一地区进行考古调查，在曲江罗湖村和窑仔岗以外的乡镇村庄又陆续发现了一批洪州窑窑址点。1978年，在同田乡龙雾洲渡口江湾畔一带，发现了晋至南朝时期的洪州窑遗址。1980年初，丰城市文物陈列室万良田等同志在赣江东岸的河洲街道办事处（原太阳公社）罗坊和窑里村发现面积约600平方米的晚唐、五代青瓷窑（旧名张家窑），这些瓷窑遗址的发现扩展了洪州窑的分布范围和烧造下限[18]。

1983年，丰城县文物普查队在丰城石滩乡港塘和寺背发现两处东汉

[16]江西省博物馆：《我省首次发现六朝青瓷窑址》，《江西历史文物》1978年第1期。

[17]江西省文物管理委员会：《丰城县曲江镇发现古代陶窑遗址》，《文物工作资料》，1958年第3期。

[18]万良田：《丰城县考古简讯》，《江西历史文物》1980年第1期。

至南朝时代的青瓷窑址，为了解洪州窑的创烧年代及继承发展提供了资料[19]，这两处窑址的生产时间下限当在东晋南朝时期，而上限可以达到东汉晚期。1989年在同田乡乌龟山、蛇头山等地发现多处两晋、南朝时期洪州窑窑址点。这些洪州窑遗址点的发现，丰富了洪州窑遗址的文化内涵，扩展了洪州窑的窑场范围，为了解和研究洪州窑以及其源流发展提供了第一手资料。

洪州窑遗址的试掘。 1977年丰城罗湖一带青瓷窑址的发现立刻引起了有关单位的重视和学术界的广泛关注，认为这处面积较大、堆积较厚、延续时间较长的东晋至唐代青瓷窑址有可能就是唐代的洪州窑遗址，洪州窑遗址浮出水面[20]。为探讨洪州窑的原委，1979年秋冬江西省历史博物馆考古队对其进行了试掘，共开探方（沟）18条，揭露面积439平方米，清理2座唐代龙窑窑炉遗迹，出土了青瓷器和窑具、窑工具2917件。通过考古发掘和对考古发掘资料的研究，以确凿的证据证明丰城罗湖村发现的瓷窑遗址就是陆羽《茶经》中所说的洪州窑，是洪州窑遗址所在地[21]。使洪州窑"长时期悬而未决的问题初步得到了解决"。

有关洪州窑遗址的确认研究。 学者们在考古试掘的基础上，对发掘资料和洪州窑进行深入的探究。余家栋先生在《"洪州窑"浅谈（一）》[22]和《江西古代瓷窑址综述——兼谈对洪州窑的几点粗浅认识》[23]两文中，从丰城和景德镇的历史沿革、地理位置、文献资料以及出土实物资料，推断丰城罗湖窑应是"洪州窑"或为"洪州窑"的一部分。陈柏泉先生从丰城的行政建制和《茶经》的行文体例，结合遗址出土物推断1979年所发掘的丰城窑就是洪州窑，论证了洪州窑所在地问题[24]。冯先铭先生撰文指出"唐代《茶经》中提到的婺州窑和洪州窑先后在浙江金华及江西丰城发现，长期悬而未决的问题初步得到解决"[25]。洪州窑所在地的问题基本得到解决，长期笼罩在洪州窑上的迷雾得以解开。

关于洪州窑的烧造年代问题。1979年的发掘者依据考古地层和出土遗物推断洪州窑始建于南朝，中经隋唐，晚唐终烧[26]。余家栋在《"洪州窑"浅谈（二）》一文中推断洪州窑烧瓷历史上限可能为南朝，隋至中唐全盛，下限至晚唐衰退，并终烧[27]。陈柏泉在《洪州窑驳议》一文指出洪州窑极盛于初唐时期，创烧期可追溯到南朝稍早[28]。而万良田则根据港塘、寺背村窑址的出土物推断其烧瓷历史可上至东汉中晚期，甚至推断其前期可能还有一段短暂的烧制陶器的历史，并从它与罗湖地区一带诸窑口承前启后、一脉相承的关系，认定它就是坐落在丰城境内而驰誉唐代的洪州窑早期窑址，是我国瓷器的主要产地[29]。这些观点基本为后来的考古所证实。

关于洪州窑的历史地位和洪州窑与其他窑的关系，余家栋在《试析洪州窑》[30]《"洪州窑"浅谈（二）》[31]和《洪州窑的历史地位及其与唐代名窑的相互关系》[32]中分别从出土遗物的造型、胎质、釉色、纹饰、装饰手

[19]万良田：《从丰城东汉青瓷窑址谈洪州窑的创烧时代和承启关系》，《江西历史文物》1986年第1期。万德强：《丰城县新发现的青瓷窑址》，《江西历史文物》，1983年第4期。

[20]江西省博物馆：《我省首次发现六朝青瓷窑址》，《江西历史文物》1978年第1期。

[21]江西省博物馆考古队、丰城县文物陈列室：《江西丰城罗湖发掘简报》，《江西历史文物》1981年第1期。同时刊《中国古代窑址调查发掘报告集》，文物出版社1984年。

[22]余家栋：《"洪州窑"浅谈（一）》，《江西历史文物》1980第3期。

[23]余家栋：《江西古代瓷窑址综述——兼谈对洪州窑的几点粗浅认识》，《中国考古学会第一次年会论文集》，文物出版社。

[24]陈柏泉：《洪州窑驳议》，《江西历史文物》1981年第1期。

[25]冯先铭：《三十年来陶瓷考古的主要收获》，《文物》1979年第1期。

[26]江西省博物馆考古队、丰城县文物陈列室：《江西丰城罗湖窑发掘简报》，《江西历史文物》1981年第1期。

[27]余家栋：《"洪州窑"浅谈（二）》，《江西历史文物》1980年第4期。冯先铭：《三十年来陶瓷考古的主要收获》，《文物》1979年第10期。

[28]陈柏泉：《洪州窑驳议》，《江西历史文物》1981年第1期。

[29]万良田：《从丰城东汉青瓷窑址谈洪州窑的创烧时代和承启关系》，《江西历史文物》1986年第1期。

[30]余家栋：《试析洪州窑》，《中国古代窑址调查发掘报告集》，文物出版社1984年版。

[31]余家栋：《"洪州窑"浅谈（二）》，《江西历史文物》1980年第4期。

[32]余家栋：《洪州窑的历史地位及其与唐代各名窑的相互关系》，《三上次男颂寿论文集》陶瓷卷，东京平凡社1986年。

法全面分析，评价了洪州窑的历史地位，认为陆羽《茶经》记载的"……洪州瓷褐悉不宜茶"是不全面的，只能算是饮茶人的一种偏见，甚至认为洪州窑青瓷在唐代确已升至贡瓷的地位。探讨了洪州窑与唐代各名窑如越窑、岳州窑、婺州窑、长沙窑、寿州窑、邢窑以及成都青羊宫窑、邛崃窑的相互关系。并探讨了洪州窑的外销问题以及玲珑瓷、芒口瓷等问题。

关于装饰技法和烧造工艺。余家栋的《"洪州窑"浅谈（三）》一文研究了洪州窑瓷器的装饰技法和纹样特征[33]。而万良田先生在《江西丰城东晋、南朝窑址及匣钵装烧工艺》一文中，概述了洪州窑同田乡龙雾洲窑址的面貌、产品种类、工艺风格、胎釉特征，指出其为洪州窑东晋南朝时期的中心窑场，推证该窑址的匣钵装烧工艺创始时间为南朝，是我国古代窑场中使用匣钵的先例[34]。万良田先生是较早注意洪州窑匣钵烧造工艺的学者。

除此之外，一些专家学者从理化方面对洪州窑瓷器进行了研究，如余家栋先生的《"洪州窑"浅谈（四）》一文，探讨了洪州窑的烧造工艺和青釉瓷的胎、釉的物理结构及化学组成[35]。上海硅酸盐研究所的陈显求教授等从物理性能、主量元素含量和显微结构等方面分别对4件唐代洪州窑青瓷进行了研究[36]。

第二阶段，全面调查、重点发掘和系统深入研究并取得丰硕成果的阶段，时间为20世纪90年代至今。

这个阶段洪州窑的工作着重于田野考古调查和考古发掘，致力于洪州窑及其窑址的基础研究。江西省以及丰城市的文物工作者在前人研究的基础上，借助北京大学考古文博学院的力量，多次对该地区进行考古调查，陆续发现了同田、石上、梅林等洪州窑窑址点。为了全面、深入了解和研究洪州窑，1992—1995年，江西省文物考古研究所、北京大学考古系（现在称考古文博学院）和丰城市博物馆组成联合考古队，在全面、细致复查已经发现的洪州窑窑址点的基础上[37]，先后3次重点选择了7处不同时期不同地域的窑场进行考古发掘，揭露面积400多平方米，清理出3座不同时期的龙窑遗迹，共出土各类青釉瓷和窑具、窑工具标本7000多件，考古发掘获重大收获[38]，鉴于洪州窑在中国陶瓷史的历史地位、考古发掘的科学性、资料采集的完整等因素，该发掘被评为1993年全国十大考古新发现之一。1996年国务院公布其为全国重点文物保护单位。

2000年，江西省文物考古研究所余家栋先生对丰城鹅头山洪州窑遗址进行调复查，窑址位于丰城市西北梅林乡大江村"鹅头山"一带，面积达2000平方米。采集标本有匣钵、圆环形垫圈、矮足豆盘、卧足碗、敞口深腹大碗、假圈足杯和圆形多兽足大砚等各式青瓷器。调查者推断为隋唐时期窑址[39]，其中酱褐釉圆形兽足大砚，造型庄重，制作精美，器型高大为洪州窑少见，这类酱褐釉大型砚台在泰和县、贵溪县、南昌县博物馆以及江西省博物馆都有收藏（图3），有可能就是这个窑场生产的。在窑址东段发现暴露残断圆形马蹄窑一座，这是有别于以往洪州窑遗址的窑炉类型，非常值得重视。

2002年北京大学中国考古学研究中心、江西省文物考古研究所、丰城市博物馆等又调查新发现的梅林镇大江村鹅头山和曲江郭桥缺口城洪州窑遗址点，认为缺口城窑址的时代为东汉晚期，烧造的产品使用的烧造窑具与清丰山溪的同时期港塘和故县窑址相似，也是洪州窑早期窑业所在[40]。

2004年2—5月，江西省文物考古研究所和丰城市博物馆对丰城市石滩镇港塘村和故县村沿清丰山溪河底、

[33]余家栋：《"洪州窑"浅谈（三）》，《江西历史文物》1982年第1期。
[34]万良田、万德强：《江西丰城东晋南朝窑址及匣钵装烧工艺》，《江西文物》1989年第3期。
[35]余家栋：《"洪州窑"浅谈（四）》，《江西历史文物》1983年第2期。
[36]陈显求、陈士萍、仝武杨：《唐代洪州窑青瓷探讨》，《景德镇陶瓷》1988年第1期。
[37]江西省文物考古研究所等：《江西丰城洪州窑遗址调查报告》，《南方文物》1995年第2期。
[38]北京大学考古文博学院：《洪州窑发掘报告》，文物出版社待刊。
[39]余家栋：《江西洪州窑考古又有新发现》，《南方文物》2001年第1期。
[40]北京大学中国考古学研究中心等：《江西丰城新发现的洪州窑址调查简报》，《南方文物》2002年第3期。

图3.隋代青褐釉十足砚台

河东岸畔的瓷窑遗址进行调查，初步摸清石滩镇故县村和港塘村的洪州窑遗址分布情况，重点对洪州窑陈家山窑址进行考古发掘[41]，在陈家山窑址东部和北部共计开探方15个，发掘面积503平方米，清理龙窑遗迹2座，获得一大批酱褐釉瓷、青釉瓷、印纹硬陶以及窑具、窑工具标本，进一步了解了洪州窑早期东汉、三国时的瓷业面貌，明确了印纹硬陶、原始青釉瓷、酱褐釉瓷与青釉瓷的关系，为洪州窑早期历史的研究提供了丰富的珍贵实物资料。这些考古调查发掘工作为洪州窑的研究提供了更为翔实的

第一手资料，夯实了洪州窑研究的基础。

诸多学者在全面调查、深入发掘的基础上，做出更为系统深入的研究，取得了丰硕的成果，发表了不少高质量的论文，出版多本专著。代表性的学者是权奎山、余家栋、张文江等人。

洪州窑的考古调查成果。这个阶段，比较全面的考古调查成果是《江西丰城洪州窑遗址调查报告》，该报告基本明确了洪州窑的分布范围，进一步解决了有关洪州窑遗址所在地及兴衰问题，丰富了对洪州窑的认识[42]。

《江西丰城新发现的洪州窑址调查简报》一文，介绍了新发现的曲江郭桥缺口城和梅林镇大江村鹅头山洪州窑窑址点，证实了赣江西岸的洪州窑窑场从东汉晚至三国吴，一直延烧到晚唐五代，中间没有缺环，自成体系，扩大了洪州窑早期窑场的分布，由原来仅在清丰山溪河底、河东岸畔的故县、港塘洪州窑窑址点扩大到了赣江西岸的郭桥缺口城窑址点，又一次证实洪州窑是中国青瓷的发源地之一[43]。

论及洪州窑早期历史的文章，主要是张文江、余江安等《江西丰城

[41]江西省文物考古研究所等：《丰城港塘陈家山洪州窑遗址考古发掘的主要收获》，《中国古陶瓷研究》第12辑2006年。
[42]江西省文物考古研究所、北京大学考古学系、丰城市博物馆：《江西丰城洪州窑遗址调查报告》，《南方文物》1995年第2期。
[43]北京大学中国考古学研究中心等：《江西丰城新发现的洪州窑址调查简报》，《南方文物》2002年第3期。

陈家山洪州窑遗址考古发掘的主要收获》，作者结合2004年陈家山洪州窑遗址的发掘情况，推断港塘陈家山洪州窑遗址的生产上限在东汉晚期，下限至东晋南朝时期，集中烧瓷时间主要在东汉末至三国时期。产品以酱褐釉瓷器为主，印纹硬陶器次之，适量烧造一些精致的高档青釉瓷器，这三种类型产品同在一座龙窑中烧造。青釉瓷器的成功烧成，表明江西丰城地区与浙江的宁绍地区、湖南湘阴地区一样都是我国早期青釉瓷器的发源地[44]。新揭露的两座龙窑遗迹，窑身较长，最长的一条18米，相比较同时期的浙江越窑窑身长10米，长度大大增加，扩大了瓷器产品的装烧量和窑业技术含量。

关于洪州窑的历史地位。杨后礼《谈洪州窑的历史地位》一文，从陆羽《茶经》一书入手，认为评判瓷器质量的优劣不能根据釉色与茶色是否相配，而应从瓷器本身的质量出发，结合洪州窑的分布、烧造历史、瓷器品种以及江西各地出土的不同时期的洪州窑瓷器，参考同时期南方地区的历史名窑，认为洪州窑青釉瓷器不是最次的，其历史地位应有所上升[45]。权奎山在《陆羽〈茶经〉与洪州窑瓷器》一文中也认为洪州窑的历史地位

应有所上升[46]。余家栋的《洪州窑考古发掘的新收获》一文，对洪州窑在中国陶瓷史上的地位做了阐述[47]，张文江《洪州窑茶具历史地位应有所上升》[48]，从洪州窑茶具的种类、装饰等角度阐述了洪州窑瓷器的地位不应该是唐代六大青瓷名窑的最后名次。

关于洪州窑的烧制工艺。权奎山的《论洪州窑的装烧工艺》一文，根据考古发掘材料、地层叠压关系、窑具种类的增减和形制的变化，将洪州窑划分为8个发展阶段，用实物材料详细论述了洪州窑各期的装烧工艺，同时说明洪州窑的装烧工艺就总体而言，在当时应处于先进行列，在中国古代瓷器烧造工艺中占有光辉的一页[49]。这是关于洪州窑装烧工艺分期研究较为仔细准确的一文，对洪州窑的研究有极大的促进作用。赖金明的《洪州窑制瓷工艺的突出成就》一文，比较全面地论述了洪州窑的突出制瓷工艺，指出这些烧造工艺有的走在同时期窑址的前列，阐述了洪州窑之所以能够取得如此辉煌的成就，关键就是在不同时期拥有这些突出的制瓷工艺和烧造技术[50]。

综合研究洪州窑的主要是《洪州

窑》《洪州窑作品集》。《洪州窑作品集》一书用了近240幅江西地区各地古墓葬和洪州窑遗址出土的青釉瓷来阐述洪州窑的发展历史，透过这些精美的器物，可以了解洪州窑的辉煌历史，品读洪州窑的发达制瓷技术，鉴赏洪州窑青釉瓷器的艺术[51]。而《洪州窑》一书充分利用考古发掘材料，结合全国各地出土的洪州窑瓷器，根据洪州窑瓷器的胎釉、纹饰、造型特征、烧制方法、窑炉结构等，将洪州窑的制瓷历史划分为东汉至晚唐五代等九个时期，揭示了洪州窑各时期青釉瓷器的发展演变规律，结合丰城的人文地理、自然优势，着重论述了洪州窑的工艺成就[52]，这是目前比较全面研究洪州窑的专著。

此外还有权奎山《试论南方古代名窑中心区域移动》一文，作者通过对洪州窑等4座南方地区的历史名窑中心区域移动的分析，论述一个窑场从创烧到终烧的全部生产期内，烧瓷的中心区域不是固定不变的，而是具有一定规律的移动，进而论述南方古代名窑中心区域移动与交通运输、地理环境、原料、劳力资源、产品销售等有直接的关系[53]。

所有这些研究涉及洪州窑的分

[44]张文江、余江安、李育远：《江西丰城陈家山洪州窑遗址考古发掘的主要收获》，《中国古陶瓷研究》2006年第12辑，紫禁城出版社。
[45]杨后礼：《谈洪州窑的历史地位》，《东南文化》1994年增刊1号，中国古陶瓷研究会年会论文集。
[46]权奎山：《陆羽〈茶经〉与洪州窑瓷器》，《文物》1995年第2期。
[47]余家栋、余江安：《洪州窑考古发掘的新收获》，《中国古陶瓷研究》1999年第5辑，紫禁城出版社。
[48]张文江：《洪州窑茶具历史地位应有所上升》，《中国食品报餐饮周刊》2000年8月3日第129期。
[49]权奎山：《论洪州窑的装烧工艺》，《考古学研究（四）》，科学出版社，2000年。
[50]赖金明：《洪州窑制瓷工艺的突出成就》，《南方文物》2001年第2期。
[51]张文江：《洪洲窑作品集》，湖北美术出版社，2005年。
[52]张文江：《洪州窑》，文汇出版社，2002年。
[53]权奎山：《试论南方古代名窑中心区域移动》，《考古学集刊》1997年第11集，中国大百科全书出版社。

布、分期、装烧工艺、历史地位以及兴衰等等，由于积累的资料较以往全面丰富，洪州窑的历史分期做得更细，内涵探讨得更充分，研究比较深入，其中多位学者论述了洪州窑的匣钵装烧工艺，显见学者关注点的高度一致和学术思想的敏锐，特别重要的是权奎山先生在《从洪州窑遗址出土资料看匣钵的起源》一文，根据考古发掘的东晋至南朝早期地层中出土大量废弃的匣钵以及同时伴出的废弃支具、瓷器废品，推断洪州窑在东晋至南朝早期就使用匣钵装烧瓷器，是迄今全国历史时期窑场中发现的使用匣钵装烧瓷器的最早资料，进而由同层出土的瓷器装烧方法推断匣钵的发明是受到青釉瓷器"罐套烧"装烧方法的启示，最初的匣钵形制来源于罐类[54]，而且显得粗犷、笨拙。该文的观点新颖，非常值得重视，研究思路和方法值得推广。

学者们在对洪州窑进行人文社会科学研究的同时，充分利用考古学具有综合学科的特点，对洪州窑开展多学科的交叉研究，特别是运用自然科学方面的先进方法和手段进行综合交叉研究。北京大学考古文博学院的王建平用中子活化分析法和波长色散X射线荧光法分析

了洪州窑六期共49片青釉瓷器样品的化学组成[55]。冯向前、樊昌生、权奎山等先生对江西丰城洪州窑从东汉晚期直到晚唐五代8个考古文化期共32件古瓷碎片的胎进行了多点分析和线状区域扫描分析，并对釉面进行了区域扫描分析。初步确定了洪州窑古瓷化学组成的产地特征为：胎中高硅低铝（SiO_2：72%，Al_2O_3：18%），具有我国南方瓷器的普遍特征[56]。

较重要的是冯向前、樊昌生等用中子活化分析（NAA）测定了洪州窑8期约400件瓷片标本瓷胎中近20种元素的含量，并对洪州窑不同时期烧制瓷器的化学成分的共性和差异进行了研究[57]，测试标本的数量之多，在洪州窑的历史研究上是第一次，这是洪州窑目前做得最为充分的自然科学研究，结果自然是更接近真实。

此外梁宝鎏、王建平、权奎山、陈铁梅《慈溪越窑和洪州窑瓷片的X荧光分析研究》[58]一文，用能量色散型X荧光分析仪测量了洪州窑4个窑址出土瓷片胎釉的化学组成，提出了洪州青瓷中铁含量从东汉到晚唐的马鞍形变化，可能反映洪州窑在晚唐的衰落和低铁原料的不易获得，为研究洪州窑晚唐五代的衰落直至停烧提供了科学

依据。有学者认为晚唐以降，洪州窑的窑具渐趋粗化，直接导致其装烧工艺停滞不前；当地的地势局限陶土原料无法完成精细的淘洗，这种原料上的局限使洪州窑产品失去了进一步精化和上升的空间，渐渐滞后于时代主流，最终为历史所淘汰[59]。

（七） 窑址分布

洪州窑窑址范围面积大，分布非常广阔，文物考古工作者分别在丰城市曲江镇罗湖村的象山、狮子山、寺前山、管家、外宋、南坪、对门山、上坊、尚山、乌龟山；曲江镇郭桥村的缺口城、罗湖闸、落水坳；曲江镇曲江村的窑仔岗、孟家山；同田乡龙凤村的李子岗、松树山、乌龟山、白鹭山、牛岗山和沿江村的麦园；同田乡钞塘村的蛇头山、蛇尾山、交椅山；尚庄镇石上村的黄金城；剑南街道办罗坊村的罗坊、窑里；市区公安局大楼；石滩镇港塘村的清丰山溪东岸第一地点、第二地点、第三地点、第四地点、陈家山、港塘小学、油坊山、老虎山、神庙山、龙头山；石滩镇故县村庙前山、拳头山、寺背山、

[54]权奎山：《从洪州窑遗址出土资料看匣钵的起源》，北京大学中国传统文化研究中心编：《文化的馈赠——汉学研究国际会议论文集·考古学卷》，北京大学出版社，2000年。

[55]王建平：《广东博罗先秦陶瓷和江西洪州窑瓷的INAA和XRY研究》（博士论文），2002年，2001年北京同步辐射装置年报。

[56]冯向前、樊昌生、张文江、权奎山等：《江西洪州窑古瓷的元素谱及产地特征的SRXRF研究》。

[57]冯向前、冯松林、张文江、樊昌生、权奎山等：《历代洪洲窑古瓷元素组成特征的中子活化分析研究》，《原子核物理评论》，2005年3月22卷第1期。

[58]梁宝鎏、王建平、权奎山、陈铁梅：《慈溪越窑和洪州窑瓷片的X荧光分析研究》，《文物保护和考古科学》，2001年11月第13卷第2期。

[59]张文江、袁泉：《洪州窑考古发现30周年纪念暨学术研讨会纪要》，《南方文物》2009年第1期。

寺背村、渡头熊家；梅林镇鹅头山等6个不同的乡镇（街道办）11个村委19个自然村，发现不同时期洪州窑的窑业堆积，这些村落发现了数量不等的不同时期的洪州窑遗存，少者1处，多者10处，共计有44处窑场。这些窑址分布在丰城市境内赣江流域或与赣江流域相通的药湖岸的山坡、丘陵冈埠以及清丰山溪河底、河东岸畔的缓坡地带，从最南边的河洲镇罗坊窑址到最北边的同田乡麦园窑址直线距离约20千米，其中最宽处的曲江镇罗湖窑址群宽约1千米（图4）。地理上以赣江为纽带，基本连成一体。从各窑址采集和发掘出土的遗物看，同时期的风格特征大体相同，不同时期的具有明显的继承和发展演变关系。窑址所在地丰城，是唐代洪州大都督所辖七县之一。洪州，禹贡扬州之域，开皇九年（589）隋朝建立后，改豫章郡所置，因洪涯丹井为名。治所设豫章，即今南昌，辖豫章、丰城、建昌、建城4县。唐代改为洪州总管府、洪州大督都，领南昌、丰城、高安、建昌、新吴、武宁、分宁7个县。《元和郡县志》卷28《江南道四》："洪州，禹贡扬州之域……隋开皇九年平陈，置洪州，因洪崖井为名……管县七：南昌、高安、新吴、丰城……"从地理位置与行政区划看，窑址所在地在唐代属洪州大都督府所辖七县之一，依据唐宋时期窑址命名多数以窑场所在的州命名的原则，洪州窑因其窑址主要分布洪州，所以称为"洪州窑"，以及考古学研究命名首先考虑有历史记载的通行方法，因陆羽《茶经》有

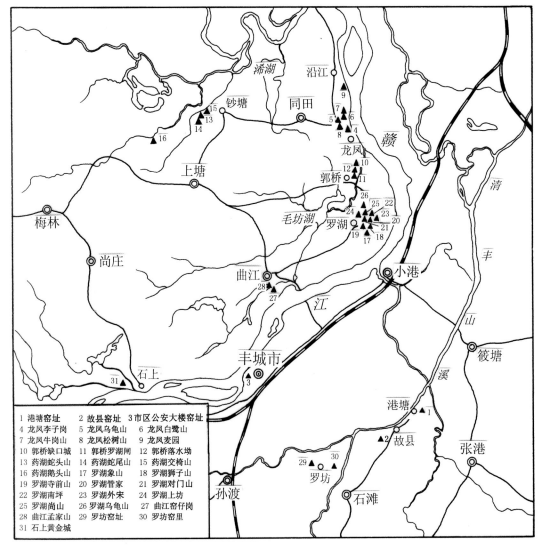

1 港塘窑址　　　2 故县窑址　　3 市区公安大楼窑址
4 龙凤李子岗　　5 龙凤乌龟山　　6 龙凤白鹭山
7 龙凤牛岗山　　8 龙凤松树山　　9 龙凤麦园
10 郭桥缺口岗　 11 郭桥罗湖闸　 12 郭桥落水坳
13 药湖蛇头山　 14 药湖蛇尾山　 15 药湖交椅山
16 药湖鹅头山　 17 罗湖象山　　 18 罗湖狮子山
19 罗湖寺前山　 20 罗湖管家　　 21 罗湖对门山
22 罗湖南坪　　 23 罗湖外宋　　 24 罗湖上坊
25 罗湖尚山　　 26 罗湖乌龟山　 27 曲江窑仔岗
28 曲江孟家山　 29 罗坊窑址　　 30 罗坊窑里
31 石上黄金城

图4.洪州窑遗址窑址分布图

"洪州瓷"的记载，"洪州窑"因而得名。

丰城境内迄今共发现的44处洪州窑窑场遗址，涉及境内的6个乡镇（街道办），各窑场的烧造时间有先有后，总体上看从赣江东岸的清丰山溪一带，向赣江西岸发展，由赣江南、北两面向丰城曲江镇集中，由赣江西岸向药湖及赣江发展。个别窑场的遗存因为自然和历史的原因，早年被破坏殆尽，有的已经夷为平地，地表已见不到瓷片等窑业遗物，文化堆积和遗迹无存。有的窑业遗存深埋地下，地表见不到窑业遗存。这类窑场遗存是根据先辈调查资料或者文献记录来确认。但是绝大多数窑场遗址保存完好。根据各窑场遗址的地理位置、遗存分布区域现状、所处山脉水系等自然环境的差异以及烧造年代，将现存洪州窑44个窑场遗址分为9个窑址区，具体为：石滩窑址区、龙雾洲窑址区、郭桥窑址区、药湖沿岸窑址区、罗湖窑址区、曲江窑址区、罗坊窑址区、石上窑址区以及丰城市区窑址区。

1.石滩窑址区：位于洪州窑遗址的南部偏东，由港塘窑址和故县窑址区两部分组成，分布在石滩镇港塘村、故县村的清丰山溪河底、河东的岸畔地带。文物工作者分别在港塘村和故县村发现10多处洪州窑遗存。石滩镇位于丰城市境东南部。东临张巷乡、西连剑南街道办、孙渡镇、南接桥东乡、北界小港镇、筱塘乡。石滩镇政府所在地石滩街位于县城东南9公里。根据出土资料推断，石滩窑址区的烧造年代为东汉晚期至东晋南朝时期，兴盛年代为东汉晚期至西晋时期，是洪州窑最早的烧造区域之一。

港塘洪州窑遗址（图5）分布在石滩镇港塘村清丰山溪河底、河东岸畔一带。窑址最早于20世纪80年代由丰城市博物馆万良田先生发现，发现者推定为洪州窑的早期窑址[60]。1992年江西省文物考古研究所、北京大学考古文博学院和丰城市博物馆联合对其重新进行调查，确认清丰山溪河畔、港塘小学前及陈家山三处窑址[61]，初步探明其时代为东汉晚期至西晋，为中国早期青釉瓷的烧造地，与浙江宁绍地区、湖南湘阴一样成为青釉瓷器的发源地之一[62]。2004年2月至5月，江西省文物考古研究所会同丰城市博物馆再次对港塘清丰山溪一带进行调查，查明港塘村有10处同类型的洪州窑遗存，分别是清丰山溪河东岸畔第一地点、第二地点、第三地点、第四地点、陈家山、港塘小学、油坊山、老虎山、神庙山、龙头山[63]。其中清丰山溪河东岸畔第一至第三地点就是原来调查所称的清丰河畔窑址。清丰山溪河东岸畔窑址西侧紧临清丰山溪，部分深入清丰山溪河底，东部为20世纪70年代修筑的堤坝。清丰山溪原水面较窄，后因涨水而修建新的堤坝。堤坝顶宽约4米、底宽约15米，清丰山溪的河道有了不少改变。河床上、堤坝下及河东岸畔有丰富的窑业遗存分布。

（1）清丰山溪第一地点窑址：在陈家村以北200米的清丰山溪河东岸畔，部分深入河底，碎瓷残片散布面积不大，不到100平方米，但是堆积层较厚，文化堆积高达3米。发现龙窑遗迹延伸至水下4米—5米。遗址区东南方向紧邻洲上村，有村民80多户，500多人，拥有田地500多亩（图6）。

（2）清丰山溪第二地点窑址：在第一地点南侧100米的清丰山溪河东岸畔，散存有窑具及褐釉瓷片，分布范围约80平方米，文化堆积较薄。1992年冬，江西省文物考古研究所与北京大学考古系联合丰城市博物馆对清丰河第二地点窑址进行过小型试掘。出土有一批陶器、瓷器（片）、窑具等。陶器类能辨器型者有罐、多口、折沿、鼓腹、平底，肩部置横向或竖向半环形，器身拍印方格纹，硬灰陶质。瓷器器形有罐、双唇罐、缸、盒、釜、碗、杯、洗等，内荡釉外蘸釉，釉不及底足，釉色呈黑褐、酱褐、淡褐、青色数种；胎质较粗，坚硬紧密，多为灰色，或灰紫色，足底露胎呈红紫色。器身拍印麻布纹、细方格纹，偶见水波、铜钱纹。

（3）清丰山溪第三地点窑址：位于第二地点南侧100米的清丰山溪河东

[60]万良田：《从丰城东汉青瓷窑址谈洪州窑的创烧时代和承启关系》，《江西历史文物》1986年第1期。
[61]江西省文物考古所等：《丰城洪州窑遗址调查报告》，《南方文物》1995年第2期。
[62]北京大学考古文博学院等：《洪州窑发掘报告》，文物出版社待刊。
[63]江西省文物考古研究所等：《丰城石滩港塘洪州窑遗址调查简报》，待刊。

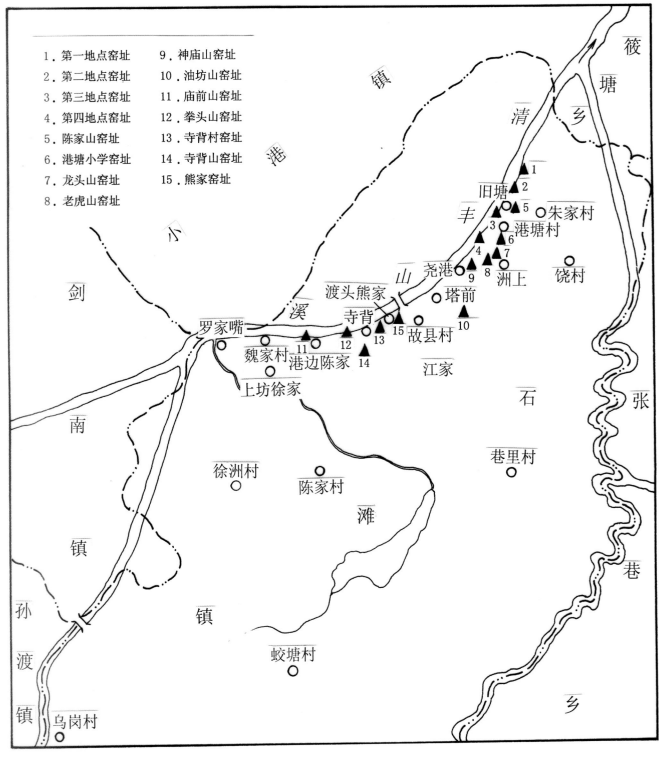

图5.港塘洪州窑遗址分布图

1．第一地点窑址　　9．神庙山窑址
2．第二地点窑址　　10．油坊山窑址
3．第三地点窑址　　11．庙前山窑址
4．第四地点窑址　　12．拳头山窑址
5．陈家山窑址　　　13．寺背村窑址
6．港塘小学窑址　　14．寺背山窑址
7．龙头山窑址　　　15．熊家窑址
8．老虎山窑址

图6.清丰山溪第一地点洪州窑遗址

岸畔，东北面紧邻港塘村陈家村，窑址的范围狭长，南北长约60米，东西宽约30米，文化堆积厚薄不均（图7）。

（4）清丰山溪第四地点窑址：位于第三地点南面150米的清丰山溪河床东侧及东岸堤坝下。窑址范围较小，仅有60平方米。

以上四个地点的窑业遗存因修清丰山溪而遭到较大的破坏。

（5）陈家山洪州窑遗址：位于港塘陈家村东面的陈家山上，原为一圆形馒头状小山（图8），高出周围平地约8米，东、南面被水塘包围。港塘村在石滩街东北6.8公里清丰山溪东岸，又名旧塘，以村居旧塘边得名，东面是朱家村，北面是稻田，西面紧邻陈

家村，西面不远处就是清丰山溪。陈家村小组有67户，共计300多人。陈家山窑址保存情况相对较好，分布范围东西宽50米、南北长75米，窑业堆积层较厚。历年抗洪抢险都在此取土筑堤，南部断面可见裸露的窑炉遗迹，窑址遭到较为严重的破坏。从断面可见窑炉的烧结面、部分窑拱以及上部整齐排列的窑砖。1992年对该窑址进行调查时，在遗址中部发现一组窑炉遗迹，暴露出东西向并排设置的三座龙窑遗迹，左右两座仅能看出痕迹，中间一座纵向被挖掉二分之一多，从断削面上看出其有九层烧结面，长约10米余，宽约2米，倾斜度前面19°，后面9°，烧结面厚约5厘米左右。在附近采集有青釉、酱褐釉罐，时代约为东汉晚

期。[64]2004年江西省文物考古研究所联合丰城市博物馆分别在陈家山窑址的北部、东部揭示两条龙窑遗迹（图9、图10），获得一大批酱褐釉瓷器（图11）、青釉瓷器（图12）、印纹硬陶器（图13），还有乌龟、牛瓷塑等，为洪州窑早期历史的研究提供了丰富的珍贵实物资料，尤为重要的是出土一批斜底支座（图14）和装饰戳印铜钱纹支座（图15）的窑具标本。

（6）港塘小学洪州窑遗址：1992年调查发掘时，曾名港塘小学前窑址，当时仅在小学教学楼前发现窑业堆积，现在学校背面也发现遗存分布，改称为港塘小学窑址。窑址分布在港塘村南面港塘小学教学楼前面及背面。遗址前后外围分别为水塘、菜

[64]江西省文物考古研究所、北京大学考古系、丰城市博物馆：《江西丰城洪州窑遗址调查报告》，《南方文物》1995年第2期。

图7.清丰山溪第三地点洪州窑遗址

图8.陈家山洪州窑遗址

图9.陈家山洪州窑遗址北区探方分布图

图10.陈家山洪州窑东部、南区三国龙窑遗迹

图11.陈家山洪州窑遗址出土酱釉瓷器

图12.陈家山洪州窑遗址出土青釉瓷器

图13.陈家山洪州窑遗址陶釜

图14.陈家山洪州窑遗址斜底支座

图15.陈家山洪州窑遗址出土装饰铜钱纹支座

地。部分遗址被村民开辟为菜地，种植韭菜、茄子、空心菜等。文化遗存现存有500平方米，最厚约2米。

（7）龙头山洪州窑遗址：分布在石滩街东北6.3公里洲上村西北面的龙头山上。其北与港塘小学窑址相望，西南与老虎山窑址相距约50米。窑址范围约有200平方米。

（8）老虎山洪州窑遗址：位于洲上村的西南角，东北与龙头山窑址相邻，西面有一大池塘，瓷片、窑具散布在水塘的东岸上，文化层厚约1.8米。

（9）神庙山洪州窑遗址：位于石滩街东北6公里清丰山溪东岸尧巷村东面池塘东南侧的一座小山上，文化堆积东西长50米、南北宽30米，最厚约1.5米，其上辟有菜地。

（10）油坊山洪州窑遗址：在故县村东北面500米，北距尧家巷1000米，文化堆积较薄，仅见零星的遗物分布。

故县村地处石滩镇东部平原地区，属低洼内涝区，村委会所在地故县村位于石滩街东北约5公里的清丰山溪东岸，为梁代大同年间（535—546）广丰县治故址，村名由此而来，其城郭于唐永徽二年被毁。故县村洪州窑遗址分布在石滩镇故县村沿清丰山溪河底东部及河东岸畔一带。目前发现有庙前山、拳头山、寺背村、寺背山、渡头熊家等5处洪州窑遗存。

（11）庙前山洪州窑遗址：位于清丰山溪南岸畔，西距魏家村约1500米，东南距港边陈家200米，东距拳头山窑址约600米。2004年江西省文物考古研究所对其进行调查，仅在河岸畔有零星分布，面积约有100平方米。

（12）拳头山洪州窑遗址：位于清丰山溪河床东部，东南面约300米处清丰山溪岸畔为寺背山窑址，东侧500米处为寺背村窑址。在河床中有长50米、宽60米的窑具、瓷片散布，2004年江西省文物考古研究所和丰城市博物馆在此清理了一座龙窑遗迹，方向北偏东60°，残长3米、宽2.05米，由火膛和窑床组成。窑床呈长方形，残长1.7米、内宽2.05米、残高0.12米，坡度11°；火膛呈长方形，在窑床的前部（东南部），低于窑床0.18米，火膛内长1.3米、宽2.05米、残高0.28米。火膛表面较平，在右下角（东北部）有一半圆形火坑，长0.62米、宽0.4米，低于火膛面0.15米。火坑与窑前壁（东）有一宽0.62米、残高0.26米的焚火口。窑底及火膛底面有一层厚约0.04米的黑色烧结面。窑墙由砖坯砌成，经窑火高温烧烤呈砖红色，其中朝窑室的一面有薄薄的窑汗。窑向南偏西30°。在龙窑附近发现大量的陶器、褐釉瓷及窑具，也有少量的青釉瓷片。在龙窑的焚火口处出土1件假圈足青釉盏，年代应是西晋时期（图16-1、2、3）。

（13）寺背村洪州窑遗址：位于寺背村东北角，寺背村因村庄建于寺庙背面得名。东北面紧靠清丰山溪岸畔，东北距渡头熊家窑址500米，南距寺背山窑址500米。窑址最早是丰城市博物馆万良田老先生发现的。因村民建房和修筑河堤，窑址破坏严重，仅在河岸边有零星残瓷窑具碎片散布。在寺背村窑址北部的清丰山溪河床南侧，发现窑炉遗迹一座，平面呈马蹄形，时代以及结构不详。

（14）寺背山洪州窑遗址：位于寺背村南面500米寺背山，山上散布残瓷碎片，面积约100平方米。西北隔拳头山窑址200米，北距寺背村窑址500米。

（15）渡头熊家洪州窑遗址：位于石滩街东北5公里清丰山溪东岸渡头熊家，西北面靠近清丰山溪的东南岸。熊氏明代由秀市新街井岗迁此，原先有浮桥及轮船摆渡，西南距寺背村窑址500米，东北距离故县桥400米。这一带遗物较少，但有不少红烧土，发现一处马蹄形窑，平面形状呈心字（图17-1、2），因为没有全部清理完，结构和时代都不太清楚。

港塘村、故县村距今丰城市区15公里。这里是丰城市境东部富水、丰水内河汇入赣江的主干道，又是槎

水、秀水、西港诸水汇集的冲积平原，地势平坦开阔，港湖交汇，舟楫便利，陆地多丘陵岗阜，河湾港塘低注地带多黄白色胶质瓷泥。得天独厚的自然资源，蕴藏丰富的原料与燃料，是一个适宜陶瓷烧造的优良场地。整个石滩窑址区分布范围长达2千米，文化堆积分布面积约7500平方米，地表散存陶、瓷器残片及各类窑工具。采集、发掘出土的资料表明，港塘和故县村洪州窑遗址烧造时间为东汉晚期至东吴时，清丰山溪第一地点、第二地点、第三地点、第四地点窑址、寺背村、寺背山延续至西晋时期，陈家山、港塘小学窑址的下限可能到东晋，渡头熊家的下限可能到南朝。

2.龙雾洲窑址区：位于洪州窑遗址的北部，包括同田乡的龙凤、沿江

图16-1.拳头山洪州窑遗址远景

图16-2.拳头山洪州窑遗址近景

图16-3.拳头山洪州窑遗址西晋龙窑遗迹

图17-1.渡头熊家洪州窑遗址近景　　　　　　　　　　　图17-2.渡头熊家窑址址心字形窑炉遗迹

两个村。同田乡位于丰城市东北部，赣江西岸，锦江与赣江汇合的三角冲积地带，东、北面分别与南昌县、新建县隔界，南、西则与本市曲江、上塘、梅林三镇为邻。在龙凤村和沿江村分别发现窑场遗址6处，即龙凤村的李子岗、松树山、乌龟山、白鹭山、牛岗山和沿江村的麦园窑址。麦园窑址位于沿江村东南的赣江西岸山丘上，没有经过正式的考古调查。根据调查和发掘出土资料推断，龙雾洲窑址区的烧造年代为西晋至隋代，兴盛年代为西晋至南朝时期。

（1）李子岗洪州窑遗址：位于龙凤村北部，赣江西岸同田乡造纸厂东南侧，东与龙雾洲隔江相望、距赣江江边约50米，西北为松树山窑址，北侧与白鹭山相望。窑址分布面积约1500平方米。李子岗窑址南北均有江湾分布，保存情况较差。1994年9月，江西省文物考古研究所与北京大学考古系联合对其进行首次发掘，发掘面积40平方米。该遗址堆积丰富，深0.4米—1.15米。出土窑工具有匣钵、圆饼形间隔具、圆柱形间隔具、扁平圆

环形间隔具、锯齿形间隔具等。青瓷器有六系罐、四系罐、盘口壶、鸡首壶、碗、盘、盅、大平底钵、盏托、杯、盅、圆砚、芒口杯等。釉色有青绿、青灰、青黄色釉。装饰莲花纹的碗、盏、钵、盘、盏托等最为引人注目，莲花纹采用剔、刻、划等手法，莲瓣有无瓣脉之差别，叶尖有肥瘦之不同，花心有无籽重瓣、三籽单瓣、三籽重瓣、四籽重瓣、六籽重瓣，乃至十三籽重瓣之貌。布局合理，线条流畅，刻划规整，美观怡人。在南朝鲜发现的莲瓣纹盏有可能就是该窑场生产的。其烧制时间当为东晋、南朝时期，有些器物的年代可以到隋代。发现匣钵装烧瓷器的标本，将洪州窑使用匣钵的历史上推至南朝（图18、图19）。

（2）龙凤村乌龟山洪州窑遗址：位于同田乡龙凤村赣江西岸，东南与李子岗窑址相对，北距西河粮站150米，南面与松树山、东北面与白鹭山等窑址相连，东与龙雾洲隔赣江相望。窑址南北长120米、东西宽120米、高9米，分布面积约5000平方

米。1994年10月，江西省文物考古研究所联合北京大学考古系在此发掘过，发掘面积40平方米，地层堆积分4层。第一层为表土层，杂草丛生，未采集出土物。第二层伴有匣钵和青釉杯、盅、盘、盘口壶、莲瓣纹杯、鸡首壶等。第三层出土有匣钵、锯齿形间隔具、三足环形间隔具以及青釉钵、盏、盘、莲瓣纹碗、杯、盅、盘口壶、鸡首壶等。第四层伴出有锯齿形间隔具，不见匣钵。青瓷器有钵、碗、盏、盘、盅、杯、香熏、托座等。釉色多青泛绿色，纹样多莲瓣纹。依据地层叠压和出土物，推断第四层为西晋至东晋早期，第三层为东晋至南朝早期，第二层相当于南朝后期。（图20、图21、图22）

（3）松树山洪州窑遗址：位于李子岗江湾北岸，北与乌龟山窑址相连，江湾低洼地带为水稻田，山上多为野生植被以及旱地，遗址保存状况良好。在山口处，由于耕作形成断面可以清楚地看到地层中夹杂着大量窑业遗迹（图23）。

（4）白鹭山洪州窑遗址：位于西

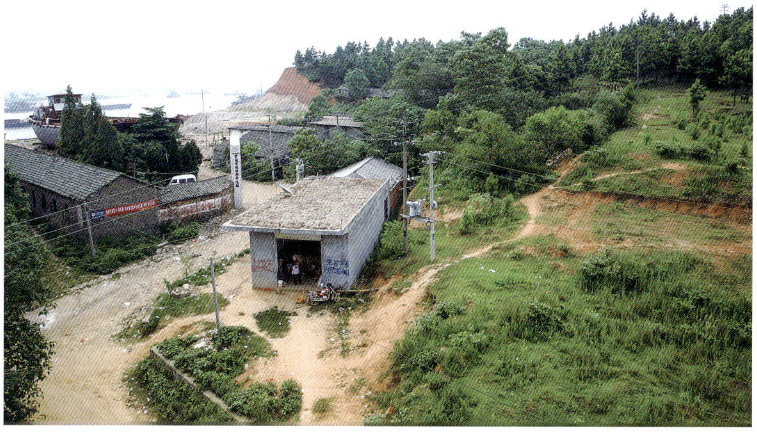

图18.李子岗洪州窑遗址

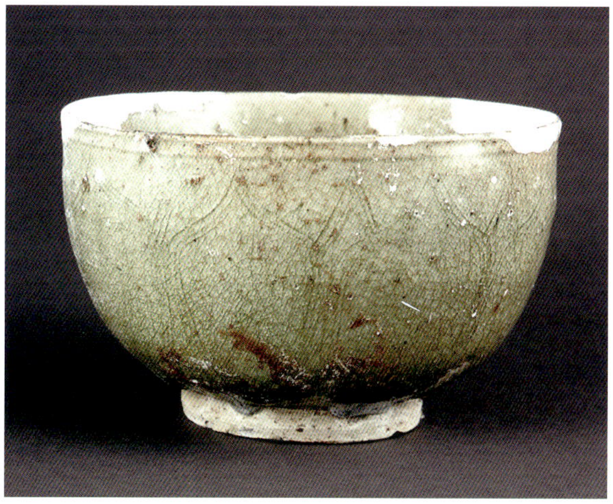

图19.李子岗洪州窑遗址南朝青釉莲瓣纹盏

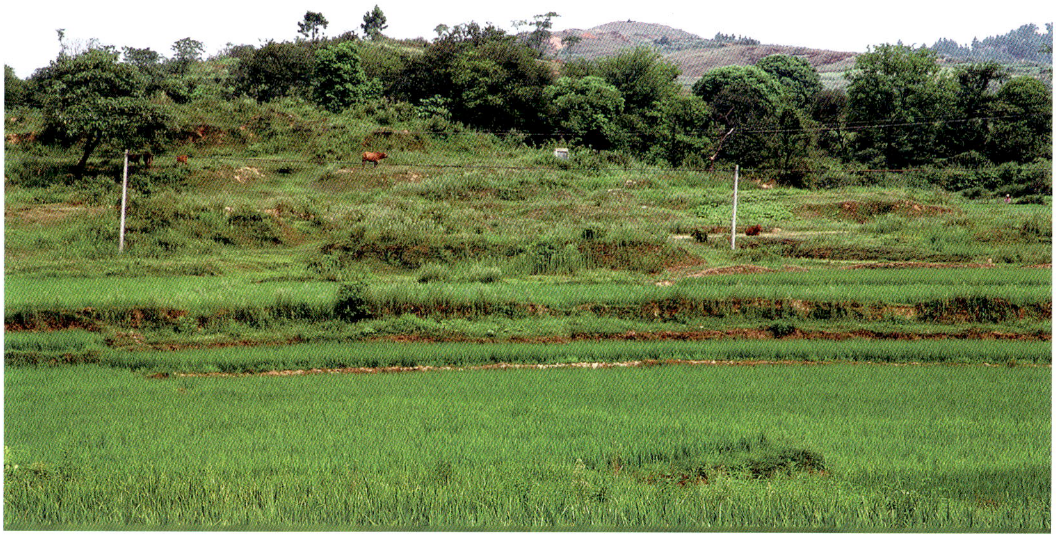

图20.龙凤村乌龟山洪州窑遗址

图21.龙凤村乌龟山洪州窑遗址出土点彩盖

图22.龙凤村乌龟山洪州窑遗址出土炉座

河粮站南约100米处，乌龟山窑址在其东北，两窑址相距300米。东边紧靠龙凤村渡口，其北面约200米为牛岗山窑址。遗存面积约1500平方米。地表见瓷片、窑具。采集窑工具有匣钵，青瓷器有钵、碗、盏等，碗呈圈足。该窑烧造时间为东晋南朝，晚唐时期一度烧造（图24）。

（5）牛岗山洪州窑遗址：位于李子岗江湾北岸西河粮站西北端，东傍赣江，北邻狗头山，西南面与乌龟山窑址相连。江湾低洼地带为水稻田，山上多为野生植被以及旱地。窑址现存面积2000平方米，遗址保存状况良好。在山口处，由于耕作形成的断面上可以清楚地看到地层中夹杂着大量窑业遗迹。标本有青瓷和窑工具标本，窑工具仅见匣钵，青瓷器种类有碗、罐、碟、盘等，其烧瓷时间为南朝（图25）。

3.药湖沿岸窑址区：位于洪州窑遗址的西北部，地处赣江西面、药湖南岸。这个区域共发现4处窑址遗存。分属同田乡钞塘村和梅林镇易塘村。钞塘村位于同田乡西部，距同田乡政府约4公里，发现蛇头山、蛇尾山、交椅山3处窑址，这3处窑址位于药湖南岸一座山体的三个山头之上，遗址北面为药湖。加上药湖南岸，行政区属梅林镇的鹅头山窑址。这个窑址区距村落比较远，保存情况较好。20世纪80年代以来，对该窑址区做过多次考古调查。调查资料证明，其烧造年代为南朝、隋代，兴盛年代为南朝时期。

（1）蛇头山洪州窑遗址：位于同田乡坛前万家村西南侧药湖的东南角，北为青山兰家，东南为山背喻家。面积400平方米。山体北侧可见窑炉遗迹，发现大量带窑汗的窑砖。采集的青瓷有碗、盘、钵、盏、杯、高足盘，窑工具有匣钵、垫饼、垫圈、锯齿形间隔具、荡箍等。

（2）蛇尾山洪州窑遗址：位于蛇头山窑址北面，两窑相连像一巨蛇静卧在药湖岸边，故名。窑址面积约450平方米。蛇头山窑址东北可见龙窑遗迹。从地表采集的遗物看与蛇头山窑址相同，其烧瓷时间也应是南朝隋代。

（3）交椅山洪州窑遗址：位于蛇头山窑址与蛇尾山窑址相交的延伸线东侧小丘陵上，具体在蛇尾山的东北面，约有400平方米的地表散见瓷片窑具。产品主要是青泛白且开细纹片的碗、盏、内底模印朵花纹样的高足盘，具有南朝隋代特征的匣钵。

（4）鹅头山洪州窑遗址：位于

图23.松树山洪州窑遗址

25

图24.白鹭山洪州窑遗址

图25.牛岗山洪州窑遗址

丰城市梅林镇大江村鹅头山。北面紧靠药湖湖畔，南靠山丘岗阜地带，东北与同田乡药湖畔的钞塘村"蛇头山""蛇尾山"和"交椅山"南朝至隋代窑址相遥望，距"蛇头山"等窑场约4公里。2000年12月、2002年6月，江西省文物考古研究所会同北京大学中国考古学研究中心、丰城市博物馆先后两次对其进行了考古调查，并发表简报《江西洪州窑考古又有新发现》[65]《江西丰城新发现的洪州窑址调查简报》[66]。从遗迹和遗物分析，鹅头山窑址当属隋唐期间烧造。窑床遗迹和窑包堆积保存完好，应是洪州窑的重要组成部分。

4.郭桥窑址区：位于洪州窑遗址的中部偏北，地处赣江西侧。曲江镇位于丰城市北部，赣江西岸，北邻同田乡、上塘镇，西毗尚庄镇，东、南隔赣江与小港镇、剑南街道办相望。水上交通运输便利，境内为低矮红土丘陵，柴草茂盛，瓷土资源丰富，是良好的烧瓷场所。在曲江镇罗湖村、曲江村和郭桥村分别发现洪州窑遗存。

郭桥村在曲江镇东北角，南面为罗湖村，北面与同田乡接壤，东与南昌县广福乡隔江相望。在曲江镇的郭桥村分别发现3处窑场遗址，即罗湖闸、落水坳、缺口城洪州窑遗址。罗湖闸、落水坳窑址早年被破坏殆尽，虽然地表已见不到瓷片等窑业遗物，在丰城市的文物调查登记表和1995年的全面调查[67]中都有提及，还是应该把它作为洪州窑遗址分布的重要地点。

缺口城洪州窑遗址位于螺丝栓岭以北的江湾沿岸坡地上，在江湾沿岸散布有大量陶片、瓷片以及窑具碎片，东西长250米、南北宽约200米、窑包高约20米。除江湾低洼处有为数不多的水稻田外，自山脚以上遍植松树，尤其江湾北岸一侧。南岸一侧，松树较为稀疏，有龙窑遗迹清晰可见，由于窑址远离村庄，保存情况较好。据考证，缺口城是春秋时期一处屯兵的城址[68]。20世纪80年代以来对缺口城窑址做过多次考古调查，采集青瓷器有罐、盘口壶、盆、钵、碗、高足盘、杯、盏、多足砚等，碗、盘的造型、装饰纹样与江西吉安县齐永明十一年（493）相同，青瓷杯与江西樟树陈至德二年（584）出土的杯相同，调查者判断该窑场的烧造年代为南朝至隋。2002年，北京大学中国考古学研究中心、江西省文物考古研究所、丰城市博物馆对其做了小型考古发掘，揭露面积20平方米，清理龙窑

[65]余家栋：《江西洪州窑考古又有新发现》，《南方文物》2001年第1期。
[66]江西省文物考古研究所、北京大学考古系、丰城市博物馆：《江西丰城新发现的洪州窑址调查简报》，《南方文物》2002年第3期。
[67]江西省文物考古研究所、北京大学考古系、丰城市博物馆：《江西丰城洪州窑遗址调查报告》，《南方文物》1995年第2期。
[68]万良田：《丰城县古"缺口城"初探》，《江西历史文物》1987年第2期。

遗迹1座，出土带陶文筒状支烧具、青瓷器和窑工具。窑工具种类有锯齿形间隔具、三足环形间隔具、匣钵。青瓷器有罐、盘口壶、盆、钵、碗、高足盘、杯、盏、多足圆砚，胎质细呈灰白色，釉呈青或青泛黄色，釉面莹亮，开细纹片。胎釉间施一层灰白色化妆土。砚台砚面微凸，马蹄形或圆锥形足。高足盘，足细高，足上部饰3—5周弦纹，有的内底模印团花、枝叶、同心圆纹，碗多刻划莲瓣纹。据考古资料推断，其烧造年代最早为东汉，兴盛年代为两晋至南朝时期[69]。

5.罗湖窑址区：位于洪州窑遗址中部。罗湖村在曲江镇东面，赣江西岸。在罗湖村赣江西岸的红壤丘陵地带发现10处洪州窑遗址，窑场分布在罗湖村寺前村象山、狮子山、寺前山，外宋村管家、外宋、南坪、对门山，上坊村鹅公包山，里宋村尚山、乌龟山。这里是两晋南朝以来洪州窑的中心产地，也是江西境内青瓷的生产中心，窑址规模大，堆积丰富，有的地层厚达6米以上。历年共揭露5座龙窑窑炉遗迹和出土一大批瓷器（片）、窑具、窑工具等遗物。根据发掘和调查资料推断，罗湖窑址的烧造年代为东晋至唐代中期，兴盛年代为东晋晚期至唐代中期。外宋、管家、南坪、尚山等窑址坐落在村落内，或因建筑房屋时被破坏，或压在房屋和道路下。象山、寺前山、对门山、乌龟山4窑址保存情况较好，其中前3处保存有较厚的窑业堆积层。

（1）寺前山洪州窑遗址：位于寺前村北的高地上，东邻狮子山，北与对门山窑址隔水田相望，南端紧靠寺前村，西北与上坊窑址毗邻。遗址东西长约90米、南北宽55米、高15米。一条由南到北再折向东的公路将遗址分割两部分。公路南侧的遗址被低矮草地覆盖。高地上有两处窑包隆起，周边散布有瓷片、匣钵。高地上有小路通向寺前村，路面上铺散有较多瓷片。窑址先后于1979年、1992年、1993年进行过3次考古发掘，出土大批窑具、窑工具和青瓷标本，揭示了4座龙窑遗迹。出土的窑具和窑工具有匣钵、锯齿形间隔具、三足环形间隔具、泥团支钉、扁平圆形间隔具、印模、火照、荡箍等，青瓷有六系罐、四系罐、双唇罐、擂钵、唾壶、盘口壶、圆砚、高足盘、碗、杯、瓮、盘、碟、盏、盏托、"6"字形把手杯、盅、七联盂、盂、钵等。据此推断窑场始烧于东晋，南朝隋代进入发展期，初唐进入兴盛期，终烧于中唐时期。（图26、图27、图28）

（2）象山洪州窑遗址：位于寺前村东南面500米，东距赣江堤坝800米。窑址东、南、西三面高，北部低，中间凹下。遗址呈南北向长条形，由北往南地势升高。地表散见瓷片、窑具残片。东、北、南三面均为稻田。现存面积2000平方米。1979年江西省历史博物馆考古队和1992年、1993年江西省文物考古研究所联合北京大学考古文博学院先后3次对其进行考古发掘。在遗址东部清理隋代龙窑遗迹1座（93·象·Y1），出土大批窑具和瓷器标本，青瓷有双唇罐、罐、钵、碗、盘、高足盘、杯、盅、盏、多足砚台、玲珑镂孔钵等，窑具有匣钵、垫圈、锯齿状间隔具等，发掘者推断象山窑址的烧瓷时间为东晋至中唐时期，上限可至西晋（图29、图30、图31）。南朝时期的青釉瓷器质量精致，釉色精美，尤其以青釉八系盘口壶为代表（图32）。

（3）狮子山洪州窑遗址：位于寺前村东南，东距赣江1000米，南与象山窑址相距约400米。窑址近似椭圆形，东西长10米、南北宽约55米、高约3米。窑址四周为田地。采集遗物有青瓷罐、钵、碗、高足盘、盘、杯、盅、盏、砚以及匣钵、锯齿形间隔具等。其中青泛黄釉碗，外壁刻划仰莲纹，莲瓣较瘦。六系罐多桥形纽，平底，胎色灰白，釉色青泛黄，釉汁莹润，口沿多饰褐色点彩。烧造时间东晋至盛唐时期，下可延至中唐时期。

（4）对门山洪州窑遗址：位于对门山东南坡地，西侧与上坊村相连，东与管家村相望，南距寺前山窑址约100米，北与里宋尚山窑址相对。窑址范围东西长210米、南北宽180米、窑包高约15米。采集有青釉瓷和窑具标本。窑具有锯齿形间隔具，具有隋代特征的筒形腹、束腰、下部内收、气孔较少呈不规则圆形的匣钵，具有唐代特征的腹壁中上部外鼓、口沿开半圆形缺口的匣钵。青瓷器有罐、高足盘、盘、杯、盏、盂、三足炉以及砚。砚面微内凹、周有凹槽、兽蹄形三足砚，圆饼足内凹、外壁刻莲花瓣

[69]北京大学中国考古学研究中心等：《江西丰城新发现的洪州窑址调查简报》，《南方文物》2002年第3期。

图26.寺前山洪州窑遗址

图27.寺前山洪州窑遗址出土唐代青釉双系罐

图28.寺前山洪州窑遗址出土青釉盘

图29.象山洪州窑遗址远景

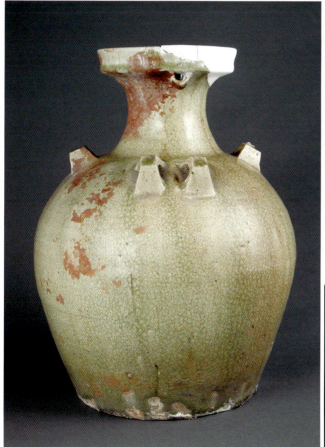

图32.象山洪州窑遗址出土南朝青釉人系盘口壶

图30.象山洪州窑遗址出土带间隔具青釉盘

图31.象山洪州窑遗址出土南朝匣钵

纹碗。釉多青、青灰、青泛褐，胎釉间多施白色化妆土。窑址为隋至中唐时期。

（5）管家洪州窑遗址：位于罗湖管家西侧坡地，西南隔水塘洼地与寺前村相望，西与对门山窑址相望，东面与外宋村毗连。窑址南北长50米、东西宽100米，大部分被压在民居之下。采集青瓷有双唇罐、罐、鸡首壶、盆、钵、碗、高足盘、盘、杯、盅、盏、盂和砚。窑具有匣钵、锯齿形间隔具。其中圆形砚、高足盘、盂、碗、杯等多具隋至初唐特征。推断窑场始烧于西晋，终烧于初唐。

（6）外宋洪州窑遗址：位于外宋村南部，东北与老洲村相望，东距赣江堤坝约400米，北与南坪村毗连。窑址范围东西长30米、南北宽约20

米，与管家窑址一样大部分被压在民居之下。采集窑具有锯齿状间隔具、三足环形间隔具、匣钵。青瓷有鸡首壶、罐、碗、钵、高足杯、砚、高足盘等。其中圆形砚具有南朝特征，高足盘具有隋代典型作风，鸡首壶（图33）与江西九江东晋大兴三年（320）墓所出几乎相近。窑场的烧造时间为东晋至唐中期。

（7）南坪洪州窑遗址：位于南坪村东北山丘坡地，南与管家村毗邻，西隔水田与罗湖上坊村相对。窑址范围东西长13米、南北宽27米、高4米，分布面积400平方米。采集青瓷和窑具标本。窑具有匣钵、锯齿形间隔具等，青瓷器有双唇罐（图34）、盘口壶、钵、碗、高足盘、盘、杯、盏和圆形砚等。窑场烧造时间为南朝

至中唐时期。

（8）上坊洪州窑遗址：位于上坊村北部山坡，东南距对门山窑址100米，北距里宋村约500米。窑址东西长110米、南北宽25米、高约12米。青釉擂钵具有隋代特征；假圈足浅腹黄褐釉盘，外壁与底部交接处有一周旋削痕的浅腹碗，以及高足盘、罐、盏、钵等具有唐代特点；腹壁中上部外鼓，腹下部镂一个不规则圆形气孔、口沿开半圆形缺口的匣钵具有唐代特征。推测该窑场烧瓷时间为隋至中唐时期。

（9）尚山洪州窑遗址：位于里宋村西南部。东南面200米为南坪村，西南与上坊村相距约500米，北面与涂王坑村隔稻田相对。窑址保存面积小，东西长20米、南北宽12米，堆积

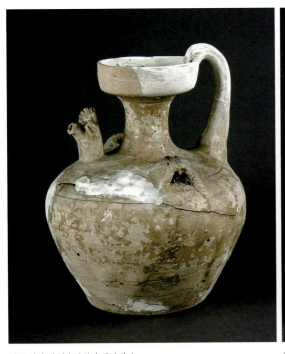 

图33.外宋洪州窑遗址东晋鸡首壶　　　　　　　　图34.南坪洪州窑遗址唐代双唇罐

图35.尚山洪州窑遗址外景

图36.尚山洪州窑遗址出土隋代青釉碗

较厚。1993年，江西省文物考古研究所和北京大学考古文博学院在此开5米×3米探方，揭露面积15平方米。地层分4层：第①层近现代扰乱层；第②层出土具有唐代特征的青釉碟、重圈纹杯等；第③层出土有窑具、窑砖和青瓷弦纹高足盘、敛口碟、敞口碟、弦纹钵、碗、盏、罐、盂等，胎釉间施一层化妆土，这些青釉器具有初唐时期特点；第④层出土物有青泛黄色四足砚、花纹钵、高足盘、碗等。其中砚与樟树唐墓所出相同。尚山窑场的烧造时期为隋至中唐时期（图35、图36）。

（10）罗湖乌龟山洪州窑遗址：位于罗湖涂王坑村乌龟山，西侧为涂王坑村，南距里宋村约150米，东北约1000米为雷家村。窑址范围长20米、宽25米、窑包高约8米。采集有青釉碗、钵、高足盘以及匣钵、扁平环形间隔具等遗物，与尚山窑址出土物基

本相同，烧造时间为隋至中唐时期。

6.曲江窑址区：位于洪州窑遗址中部偏南，地处赣江西岸。在曲江镇南郊的曲江村发现窑场遗址2处，即孟家山、窑仔岗洪州窑遗址。

（1）孟家山洪州窑遗址：位于曲江中心小学孟家山南，北距镇政府约500米，东距根蓂洲村约500米，南与窑仔岗窑址相距200米。窑址隔水田与观音堂、东岳宝殿、东峰山、万寿宫、周公庙等寺庙建筑对望。1982年发现遗址，遗址范围东西宽20米、南北长30米、窑包高7米，山上长满了杂草与树木，有少量窑业堆积。采集遗物有注壶、盏、碗、罐、支座、网坠等，窑场为晚唐五代时期（图37）。

（2）窑仔岗洪州窑遗址：位于曲江镇南郊，西北距孟家山窑址200米，东距赣江大堤1000米。窑址面积东西长约400米、南北宽250米、窑包高12米。1982年发现窑址，1992年江西省

文物考古研究所联合北京大学考古系对此试掘，开2米×4米探沟一条。出土有擂钵、执壶、器盖、碗、盘、高足杯、盏、碾轮、碾槽、荡箍等。执壶有两种：一种短束颈，圆鼓腹内收至底，平底外撇，肩置把柄，形体修长。另一种瓜棱腹，扁平把柄，短流，平底。器均施酱褐釉或酱黑釉。窑址地层堆积厚，出土物单纯，根据发掘和调查资料，确认曲江窑址区的烧造年代、兴盛年代均为唐代晚期、五代时期（图38、图39）。

7.石上窑址区：窑址区位于洪州窑遗址西部，尚庄镇境内赣江西岸。尚庄镇地处丰城市西北部，赣江西岸，东邻曲江、上塘两镇，南隔赣江与河洲街道、拖船乡相对，西邻泉港镇，北接梅林镇。这里为煤矿资源丰富区，瓷土资源也极为丰富。窑址区仅有黄金城一处窑址。

黄金城洪州窑遗址：位于尚庄镇

石上村西面黄金山的丘陵坡地上，东距石上电灌站约200米，北部约500米有一条公路通往市区，南距赣江河岸约100米。20世纪80年代中期发现，1992年对其进行复查，发现窑址范围东西长约100米、南北宽约25米、窑包高出周围水田8米（图40）。采集窑具有支座，青瓷有短流瓜棱腹注壶、直口鼓腹假圈足盂、敞口深腹圈足盘、厚唇敞口玉璧底碗，器物之间采用沙堆间隔装烧，多数器物装饰模印缠枝卷草纹、团花纹（图41、图42、图43），釉呈青泛黄、褐色。根据考古调查资料推断，黄金城窑场的烧造年代约为唐代晚期、五代时期，其上限可早至初唐，兴盛年代当为唐代晚期。

8. 罗坊窑址区：位于洪州窑遗址南部，地处赣江东侧。在剑南街道办罗坊村发现罗坊、窑里两处窑址。剑南街道办位于丰城市中部，北隔赣江与尚庄镇、曲江镇相望，东邻小港、石滩镇，南毗孙渡镇，西接荣塘、拖船乡。这2处窑址位于村落内，保存情况较差。窑址分别于1984年文物普查时发现，1992年对其进行复查。根据考古调查资料推断，罗坊窑址区的烧造年代约为唐代晚期、五代时期，兴盛年代约为唐代晚期。

（1）窑里洪州窑遗址：位于赣江东岸剑南街道办罗坊村村旁东面，距丰城市区约6公里，东南面紧邻石滩镇，南面为龙口村。窑址范围南北长20米、东西宽约26米、窑包高2米。遗址上现为菜地，栽种辣椒、茄子、空心菜等农作物。窑址只有零星遗存。采集标本有支座和青瓷注壶、碗、盘、盏、杯、器盖等。器物的造型、装烧工艺与窑仔岗洪州窑遗址相同，唯釉色青泛黄绿。

（2）罗坊洪州窑遗址：位于剑南街道办罗坊村西面台地上，与窑里窑址隔一条公路相望，西北面为下尾徐家，东南面为土窑张家。窑址范围东西长约30米、南北宽约10米、窑包高2米。采集遗物主要为青瓷器，种类有壶、罐、碗、杯等，具有晚唐五代的特征。

9. 市内窑址区：位于洪州窑遗址南中部，地处现丰城市区、赣江东岸。仅有窑场遗址一处，即公安大楼洪州窑遗址。窑址是建筑公安大楼挖地基时发现。根据采集的瓷器标本推断，该窑场烧造年代为唐代晚期、五代时期。

上述洪州窑的窑场分布以及相关资料显示，洪州窑各个时期生产的中心区域不同，并在不断地移动。东汉晚期至东吴时期、西晋，在港塘村；西晋以后至南朝时期，逐渐转移到了龙凤村、钞塘村、沿江村、郭桥村、罗湖村；隋至唐代中期，集中到了罗湖村；唐代晚期至五代南唐时期，罗湖村诸窑场急剧衰落，烧造中心移到了距罗湖村较远的曲江村、丰城市区、石上村、罗坊村。洪州窑生产中心区域移动的原因，应与当时的交通运输、地理环境、原料、劳力来源、产品销售等方面有直接的关系[70]。

图37.孟家山洪州窑遗址

图38.窑仔岗洪州窑遗址

[70]权奎山：《试论南方古代名窑中心区域移动》，《考古学集刊》第11集，中国大百科全书出版社，1997年。

图39.晚唐窑仔岗洪州窑遗址出土执壶

图40.黄金城洪州窑遗址

图41.黄金城洪州窑遗址出土青釉碗

图42.黄金城洪州窑遗址出土执壶腹部残片

图43.黄金城洪州窑遗址出土执壶把柄

第二章　洪州窑陶瓷发展历史

洪州窑窑场从创烧到没落停烧，熊熊窑火持续烧了800余年，留下的窑业遗存分布范围广泛，连绵50多平方千米，不同时期先进的制瓷烧造工艺堪称当时陶瓷工艺革新的典范，取得了非常突出的辉煌成就，是我国陶瓷发展史上一颗璀璨的明珠。考古资料及研究表明，历史悠久的洪州窑，最迟在东汉晚期就能烧造出比较成熟的青瓷器，中经三国东吴的初步发展、西晋时期的发展，东晋晚期进入初步兴盛期，南朝开创辉煌期，隋代进入鼎盛期，唐代初期转入兴盛期，兴盛期一直延续到中唐，中唐之后急转直下，唐代晚期、五代时期逐步衰弱退出市场，最终被南面丰城钳石窑、吉安吉州窑和东北面景德镇窑所取代。纵观洪州窑陶瓷生产的发展历程，分为开创期、初步发展期、发展期、初步兴盛期、辉煌期、鼎盛期、兴盛期、持续兴盛期、衰落期9个不同的发展阶段，在漫长的发展过程中，制瓷工艺不断完善和进步，成为江南地区重要的青瓷产地[1]。

（一）开创期——东汉时期（25—220）

江西地区陶瓷制作历史悠久。早在2万年前的旧石器时代晚期至新石器时代早期，地处万年县大源镇仙人洞和吊桶环遗址的先民就已经制造、使用原始的素面和条纹陶器，万年仙人洞和吊桶环遗址是我国华南地区新石器洞穴类型遗址的典型代表，是新石器时代早期文化的代表性遗址。根据北京大学考古文博学院吴小红教授、张弛教授等的研究证实，万年仙人洞陶器出现的时间为2万年前[2]，这是我国最早的陶器，也是目前世界上发现最早的陶器。陶器的出

[1]这部分内容主要参考：权奎山《论洪州窑的装烧工艺》，《考古学研究（四）》，科学出版社，2000年。张文江《洪州窑》，文汇出版社，2002年。张文江《洪州窑作品集》，湖北美术出版社，2005年。权奎山《江西丰城洪州窑瓷器的装饰技法和内容》，《陈昌蔚纪念论文集（第五辑）》，财团法人陈昌蔚文教基金会，2011年。
[2]吴小红、张弛等：《江西仙人洞遗址两万年前陶器的年代研究》，《南方文物》2012年第3期。

现，揭开了人类利用自然、改造自然、与自然做斗争的新篇章。陶器的发明，大大改善了人类的生活条件，先民可以用陶制炊器烹饪可口的饭菜，用陶制的容器储存饮用水和食物，人们的生活质量得到极大的提高，在人类生活史上开辟了新纪元，是人类从旧石器时代步入新石器时代的重要标志之一，是人类生产发展史上的一个里程碑，是原始社会科学技术的一次飞跃。

商周时期，江西的窑业技术有了突飞猛进的发展，在大量烧造富有地方特色几何印纹陶的基础上，通过不断深化原材料的选择与加工，改进窑炉结构，发明全国最早的龙窑、龙窑技术以及人工施釉工艺，樟树市吴城遗址和鹰潭角山窑场的工匠生产出了最早的原始瓷器。龙窑技术、施釉工艺和原始青瓷对中国古代陶瓷生产发生了深刻的影响。

从陶器出现以来，江西的陶瓷技术就一直处在全国领先的地位。

"江西地区自西汉中期，特别是东汉以降，随着社会生产力的发展，农业经济地位日益上升，已逐渐发展为江南的产粮区。东汉时期的江西人口，纵向比较大幅增长，毋庸置疑"[3]。随着江西经济得到充分开发，丰城洪州窑工匠秉承江西地区悠久的陶瓷制作历史和先进的陶瓷生产技艺，继承发扬商周时期先民烧制原始青瓷的先进技艺，站在前人坚实的基础上，经历长时间的积累和艰辛探索，终于在东汉晚期烧造成熟的青釉瓷器。经考古确认，丰城市港塘、故县村以及缺口城窑场是洪州窑的创烧地，是江西最早的青瓷烧造地，比瓷都景德镇烧制青釉瓷器的历史要早700年，是我国青瓷器的发源地之一。现今考古资料表明景德镇地区最早烧

制瓷器的时间在公元800年—930年，窑场位于景德镇乐平市接渡镇南窑村[4]。《景德镇陶录》"新平冶陶，始于汉世"，可能所指就是丰城洪州窑。这些说明江西的制瓷传统不但源远流长，而且博采众长，自成体系，这与江西所处的"吴头楚尾"的独特地理位置和历史积淀有关。

东汉时期是洪州窑的开创时期，窑业遗存主要分布在赣江东岸的石滩镇港塘村、故县村沿清丰山溪河底和河东岸畔一带窑址的下层，以及赣江西岸的郭桥缺口城洪州窑遗址也有小面积分布。这个时期洪州窑窑场的规模较小，只在有限几个窑场生产。

东汉时期洪州窑窑场产品有酱褐釉瓷、青釉瓷、印纹硬陶器以及泥质灰陶器，从2004年陈家山洪州窑遗址考古发掘的情况看[5]（图44），以酱褐釉瓷器

图44.陈家山洪州窑遗址北区发掘照

[3]卢星、许智范、温乐平：《江西通史》秦汉卷，江西人民出版社，2008年，第120页。
[4]江西省文物考古研究所等：《景德镇乐平南窑考古调查报告》，《中国历史文物》2012年第12期。
[5]张文江、李育远、余江安：《江西丰城陈家山洪州窑遗址考古发掘的主要收获》，《中国古陶瓷研究》第12辑，2006年。

为大宗，占出土总量的一半以上。硬陶器有釜、罐、带流罐、壶、盘口壶等（图45）。器物的胎质坚硬，烧成温度较高，外腹壁普遍饰有细方格纹、细蓝纹、网格纹、铜钱纹及弦纹。酱褐釉器有双唇罐、盘口壶、釜、瓮、大缸、罐、大口罐、直口罐、盆、钵、灯台（图46、图47）以及瓷塑龟（图48）、牛等。1975年，婺源县思溪村出土东汉元兴元年（105）酱褐釉权[6]，方锥体，四面分别有阳文"元兴元年中作""史师所作"，以及铜钱纹、卷草纹等，权纽装饰叶脉纹，底部有四个小孔。其胎釉特征与丰城石滩港塘窑址出土酱褐釉瓷片的胎釉特征相同，尤其是铜钱纹更为相似，有可能就是港塘窑场生产的。

烧制的青釉瓷器种类很少，多为实用器，常见的有双唇罐、罐、盆、钵、碗、盏、盘、釜等，以罐、壶一类大器为主，其中罐最多，造型各异，器多平底。

酱褐釉瓷器胎色较深，多呈深灰色，也有浅灰色的。琢器类大件器物口沿及外腹壁不及底施酱褐釉，圆器类小件器物则为内满外不及底施酱褐釉，釉色调不一，有的酱褐色泛黑、泛黄、泛青，甚至泛绿色。釉层总体较薄，有的厚薄不匀，有的则较均匀。硬陶器器物的胎质坚硬，烧成温度较高，为江南地区有名的印纹硬陶器，也是商周印纹硬陶器的传承和延续。

青瓷的胎质较粗，淘炼不精，常见气泡。胎骨坚硬致密，呈黑灰、灰、灰白以及灰泛红紫色，以灰白色为主，釉呈青或青泛绿色。胎壁均匀，胎泥的陈腐时间较长，属于产品质量精致一族。内满釉外不及底，釉色有青黑、深青黄色等。施釉采用涮

釉法，釉层厚薄不匀，较薄者釉面粗糙，较厚者釉面细腻。

酱褐釉瓷器多采用泥条盘筑法制成，个别采用泥片贴塑法制作，而器物的口沿及外腹壁采用慢轮修整，特别是器口沿部多见有旋修痕，而内壁则留下凹凸不平的垫窝痕。陶器制作方法与酱褐釉瓷器相同，器坯采用泥条盘筑法制成，胎色较深。青釉瓷器大多采用拉坯成型，有别于酱褐瓷器与陶器。

东汉晚期陶器外腹壁普遍饰有细方格纹、细蓝纹、网格纹、铜钱纹及弦纹。酱褐釉器物外腹壁多装饰有铜钱纹、网格纹、方格纹、水波纹及弦纹。青釉瓷器装饰内容简单，以素面为主，主要有拍印花和划花二种。以拍印花技法做出的纹样基本沿袭了汉代以前的纹样，主要有斜方格纹、麻布纹；以划花技法做出的纹样，有水波纹和弦纹等。

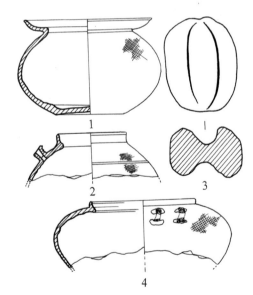

图45.陈家山洪州窑遗址出土陶器

1．釜（T₁₁③:2）　2．带流罐（T₁₁②:62）
3．网坠（T₈③:2）　4．釜（T₁:6）
（1、2、4为1/4，3为1/1）

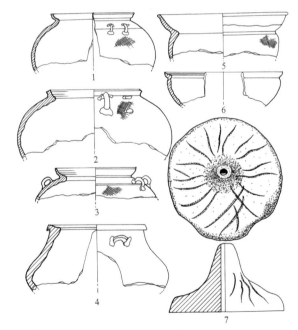

图46.陈家山洪州窑遗址出土酱褐釉器物图等

1．B型罐（T₁₁④:29）　2．B型罐（T₁₁①:8）　3．B型罐（T₇④:49）
4．C型罐（T₇①:47）　5．釜（T₉②:24）　6．B型盆（T₁₁④:43）
7．B型纺轮（T₁₂②:1）（7为1/1,2为1/2,1、3、4、5、6为1/4）

[6]婺源博物馆：《婺源博物馆藏品集粹》，文物出版社，2009年。

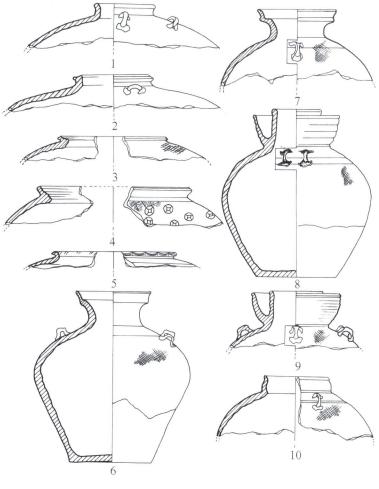

图48.陈家山洪州窑遗址出土龟

图47.陈家山洪州窑遗址出土酱褐釉器物图等

1. A型瓮（龙:1） 2. B型瓮（T₅①:20） 3. A型缸（T₇①:8）
4. A型缸（T₁₁③:43） 5. B型缸（T₅①:42） 6. 盘口壶（T₇④:25）
7. 盘口壶（T₇④:29） 8. 双唇罐（T₇④:12） 9. 双唇罐（T₇④:22）
10. A型罐（T₇④:34）（1、2、6、7、8、9、10为1/4. 3、4、5为1/6）

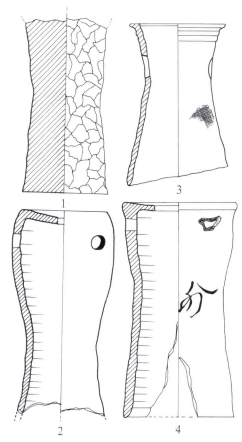

图49-1.陈家山洪州遗址出土窑平底、斜底支座

1. 窑柱（油:8） 2. Bc型支座（T₇④:5）
3. A型缸（T₇④:4） 4. A型缸（T₁₁③:106）
（1为1/2. 2、3、4为1/4）

图49-2.陈家山洪州窑遗址出土支座

这时期的装饰基本承袭了本地区原始瓷器和印纹硬陶器的装饰工艺。虽然纹样内容比较单调，但是纹样的制作较为规整，尤其是较为注意纹饰的布局，例如，弦纹与斜方格纹的搭配、弦纹与水波纹的搭配等，增强了艺术效果。

这一时期产品以酱褐釉瓷器为主，印纹硬陶器次之，适量烧造一些精致的高档青釉瓷器，这三种类型的产品是在同一座龙窑中烧造的，这与浙江早期瓷窑相同。这一时期调查和揭露的龙窑遗迹比较多，在港塘陈家山窑场发现了3座早期龙窑，揭露2座东汉三国龙窑，在清丰山溪第一地点调查1座龙窑，在缺口城洪州窑遗址揭露1条早期龙窑遗迹。

东汉晚期窑具十分简单，只见支座（图49-1、图49-2），支座有沿面与无沿面之分，沿面顶部多粘有一层细砂；底边有平底边和斜底边之别；体呈圆柱状、喇叭状、束腰喇叭状、覆钵状等，均中空，外腹处有圆形或三角形、椭圆形气孔。装烧也很简单，即将支座置于窑床上，然后把器物的坯件放在支座上面。有的器物，如盘口壶、罐等，也可能不用支座，直接放在窑床上焙烧。

（二）初步发展时期——三国时期（220—280）

220年，曹丕称帝，东汉灭亡，魏、蜀、吴三国正式开始。处于孙吴统治下的江西地区由东汉时的 1 郡 26 县增加到 6 郡 57 县，人口急剧增加，人们垦荒治田，围湖修堤，开辟山林，经济获得迅速的开发。随着经济的发展，洪州窑瓷业烧造逐步发展，相对于洪州窑早期的滥觞和创烧，较东汉时期有所进步，但是总体上与东汉晚期相比变化不大，仍然是处于初步发展时期。窑址的整体分布范围与前期基本相同，仍然分布在与赣江相通的支流清丰山溪河底、河东岸畔的石滩镇港塘村和故县村，以及赣江西岸缺口城一带。但是洪州窑的窑业遗存点在赣江东岸清丰山溪一带大大扩展，由东汉时少数几个窑业遗存点扩展到石滩镇港塘、故县村全部的15个窑业遗存点，具体有港塘村清丰山溪第一地点、第二地点、第三地点、第四地点、陈家山、港塘小学、油坊山、老虎山、神庙山、龙头山以及故县村庙前山、拳头山、寺背村、寺背山、渡头熊家等窑址。也就是说这些窑场都在生产，设想在遥远的三国时期，顺着清丰山溪延绵2千米的河岸江畔共有15处窑场数十座龙窑窑炉在点火燃烧，"火光烛天，夜令人不能寝……"可谓是窑火红透半边天，那是多么壮观啊！2004年在港塘陈家山洪州窑遗址考古发掘揭露出一座三国时期长达23.8米的龙窑遗迹，为同期其他名窑和一般窑场所未见，说明洪州窑窑业此时已经相当发达。

从窑业遗存保留有陶器、酱褐釉和青釉瓷器等堆积，可以看出洪州窑窑场的产品延续东汉时期的陶器、酱褐釉和青釉瓷器的组合。但是瓷器逐渐成为日用器的主流，成为窑业生产的核心，洪州窑烧造陶器的数量大减少，以烧造酱褐釉和青釉瓷器为主。器物类型除满足日常生活用器外，增加了为适应丧葬习俗之需的灶、井、仓等瓷质模型冥器，用于替代东汉时期的泥质灰陶和绿釉红胎质冥器（图50、图51、图52），反映古人视死如生的埋葬生死观，也随着生产技术的发展而发展。1994年，吉水县富滩东吴墓出土31件随葬品[7]，皆为青瓷，胎色灰白，施青釉，釉面开片，纹饰以凹弦纹和水波纹、网纹为主，器型有罐、壶、钵、碗、盘、唾壶等日用器和灶、谷仓、茅厕、水井、家禽等明器（图53、图54、图55）。

三国青瓷起着承上启下，继往开来的作用。它有着东汉后期青瓷的作风，又与西晋早期青瓷有某些相似之处。常见的日用瓷器有鸡首壶、盘口壶、四系罐、双唇罐、钵、灯、盏、壶、碟、缸等，以罐为主。造型风格仍保留东汉的许多特征，如横系、高颈等。胎质较粗，胎色较为复杂，烧成温度较高，质地坚硬，不吸水，已能充分掌握烧窑的窑温，少数火候不到的青瓷胎质较疏松，呈淡淡的土黄色。胎呈黑灰或深灰色，胎表修整、打磨不细，表面欠光滑。釉色比较多样，色调普遍较深，有青灰、黑泛青、青黑、黄黑、青深黄色等多种，以青灰色为主，少数呈青绿、青黄色。青灰色釉薄而均匀，施釉较厚者，釉面显得细腻一些。酱褐釉则深浅不一，釉层不均匀，施釉较薄者，釉面显得粗糙，施釉均不及底足。胎釉普遍结合较牢固，少有垂釉和脱釉

[7]李希朗：《江西吉水富滩东吴墓》，《南方文物》1996年第3期。

现象。

器坯的制作主要以拉坯为主，泥条盘筑几乎很少见到，系、耳、流、把柄等附件和瓷塑采用模制法生产。早期的贴片法完全不见使用，圆器类器坯单一使用拉坯，琢器类器坯采用拉坯、模制等多种方法混合使用。

装饰简朴，以素面为主，装饰技法保留东汉原有的拍印和划花。常见有弦纹、水波纹、麻布纹、窗棂纹、网纹、方格纹等，与原始瓷的装饰手法相似，许多地方还保留着印纹硬陶和原始瓷器的特征。比较普遍的在壶颈、罐肩、水井腹部划水波纹，腹部饰方格纹，有的贴饰铺首。少数肩部压印菱纹和网格纹，腹部饰麻布纹。钵类流行弦纹。

麻布纹装饰于盘口壶、罐的肩和腹部，常常是上下各饰一道或者二道一组的弦纹，作为麻布纹的上下边线，并且肩腹交界处也饰二道或者三道一组的弦纹。这样就将上下连成一大片的麻布纹分割成上下两个单元，增强了可视性。水波纹的上下也多饰一道或者二道一组的弦纹，使水波纹更加突出和逼真。支座有的外腹戳印水波纹或铜钱纹。

装烧虽然很简单，但是窑具在东汉的基础上有所增加，除支座外，新增了间隔具。支座与东汉时相同，有的外腹部刻有"樊、史、中、谢家、合、合十、羊、梅、梅之、梅兰、罗、罗永、罗是也、罗之、区、莫、丁右、元、聂、聂家、已、范、黄、谢仲良"等

款，它们可能是窑工或作坊主的姓氏。装烧方法基本与东汉晚期相同，即将支座垂直置于窑床，然后把坯体放在上面，有的盘口壶、罐不用支座，直接放在窑床上焙烧。出现了间隔具，间隔具是为适应叠烧而增设的。叠烧时，为防止黏连，器物之间置放间隔具。间隔具的种类有锯齿状间隔具、环形三足间隔具等。青釉瓷器采用锯齿状间隔具或环形三足间隔具装烧。

（三）发展期——西晋时期（280—316）

280年，西晋灭吴，实现全国短暂

图50.东汉墓葬出土绿釉灶

图51、52.东汉墓葬出土绿釉仓与绿釉壶

图53.吉水东吴墓青瓷勺

图54.吉水东吴墓青瓷猪

图55.吉水东吴墓青瓷水井

的统一，社会相对安定，文化、技术交流频繁，南方经济得到进一步发展。随着江西社会经济的发展，洪州窑的生产规模也逐渐扩大，赣江两岸的窑场共同发展，赣江东岸的港塘、故县村的15个窑场绝大部分仍在生产，赣江西岸的洪州窑窑场由缺口城窑场往南、往北转移扩展到曲江镇象山窑场、寺前山窑场、管家窑场以及同田乡乌龟山窑场等，呈现出点多面广的现象。这些窑场开始生产烧造活动，进入状态，为以后罗湖窑址区和龙雾洲窑区成为洪州窑2个中心生产区打下基础，做好准备，洪州窑的生产进入加速发展阶段。

西晋时期洪州窑生产的品种虽然与前期没有变化，仍是陶器、酱褐釉、青釉瓷器。但是各品种的比重发生了较大的变化，陶器生产的数量大幅减少，多数窑场不生产，仅见少量零星的陶器；酱褐釉瓷器生产的数量大幅减少，退居次要地位，呈现逐步退出市场的趋势；基本上以生产青釉瓷器为主，瓷器逐渐成为日用器主流。1972年发掘江西瑞昌西晋码头墓[8]，出土的遗物丰富，计有陶器、青瓷器、铜器、铁器、金银器等，达百余件，以青瓷器居多，有66件，占所有出土物的绝大部分，青瓷置于角道及前室左侧，而陶器仅6件，不及瓷器的10%（图56）。

西晋时期青釉瓷的器型、器类较三国时增多，数量迅速增长，占据产品的绝大部分。造型开始摆脱印纹硬陶、原始瓷器和酱褐釉的影子，造型规整，常见的器物有壶、罐、唾壶、双耳镂孔器、碗、钵、盆、洗、碟、香熏等，新增品种有耳杯、灯、砚等。三国时期为适应丧葬习俗之需，开始生产的模仿日常生活所需的青釉瓷灶、井、仓等产品，西晋继续生产，并在此基础上进一步扩展和丰富，出现了模仿庄园经济生产生活所具备的青釉鸭圈、狗舍、羊圈、猪圈、鸡笼、厕所以及房屋模型等冥器。这不仅是当时地主豪强牛羊成群、鸡鸭满圈、阙楼耸立、拱卫森严的庄园经济真实历史的写照，这些模型明器的造型艺术高超，制作手法细腻，同时也显示了西晋时期青釉瓷器制作工艺的娴熟水平。

西晋青瓷胎骨稍厚，胎质较细，质地细密，坯泥经过淘洗，以灰和浅灰色为主，另有少量的色调较深，呈深灰色。釉色以青和青泛黄色为主，釉面光洁，釉层均匀。器物内外施釉，有青、青灰、青绿、青黄、米黄、黄绿、黑褐

[8]江西省博物馆：《江西瑞昌码头西晋墓》，《考古》1974年第1期。

等色，青色常见。碗、钵、盏等饮食器外腹壁施釉不及底足，内壁满釉。釉层均匀，釉面光洁，胎釉之间结合紧密，在高温的作用下，胎釉之间形成了中间层，釉层不容易剥落，釉面偶见冰裂纹。

西晋时期圆器类器坯单一使用拉坯，琢器类器坯拉坯、模制等多种方法混合使用。器坯的制作主要以拉坯为主，泥条盘筑很少见到，系、耳、流、把柄等附件和瓷塑采用模制法生产。

西晋时期青瓷装饰工艺有了明显的进步。装饰技法除了沿袭三国时期的拍印花、划花外，出现了贴花、镂空（图57）和褐色点彩的新技法。拍印技法做出的纹样仍是麻布纹和斜方格纹。麻布纹仅见于罐类器，数量不多，也与三国时期一样从肩部装饰到下腹部。值

得注意的是，斜方格纹在器物上的面积缩小，常见于罐的上腹部、钵的口沿下，呈带状。划花技法做出的纹样仍为弦纹、叶脉纹和水波纹。水波纹较常见，多装饰于罐、钵、洗的肩部、口沿下部；弦纹仍然多普遍，盘口壶、罐、钵、盘、洗等器物口沿下常见一道宽凹弦纹。贴花技法做出的纹样发现的数量较少，贴花是将瓷泥填入模内，压制成各种花纹，再用瓷泥浆水黏合在瓷胎表面。仅见铺首纹一种，饰于器物的肩部或口沿下部，等距离饰二或三个。

褐色点彩技法最早出现在洪州窑窑场的西晋早期，流行于西晋中晚期，主要饰于鸡首壶、盘口壶、罐、钵、盏器物的肩部、口沿和器盖的盖面上。这是一种以铁为着色剂的彩绘，点彩呈深褐色，点彩多呈大圆块状排列，粗大稀疏(图58)，点饰较为有规律，点饰在器

盖上的，彩点与彩点之间基本都是等距离，横向、纵向基本皆成行。在整体青色中缀以几点褐色，非常醒目。

西晋时期的装饰内容有了较大的改进和发展，基本上淘汰了通体装饰麻布纹的做法，不见双条斜方格纹带装饰，流行单条斜方格纹带饰和水波纹。纹样布局和结构趋向合理，单条斜方格纹带饰中的斜方格纹变得小而浅（图59），水波纹一般由四或五条波纹线组成，不过仍然与弦纹配合使用，组成与水波纹为主的带饰。铺首纹见于西晋早期，与斜方格纹带饰、弦纹带配合使用，有的贴饰于斜方格纹带的中下部，有的贴饰于弦纹带的上部，使斜方格纹带、弦纹带成为铺首纹的底纹带。

纹饰装饰注重实用性。当时人们习惯于席地而坐或坐于矮榻上，器皿大多放在地上，只有碗、耳杯等少量饮食器

图56.瑞昌码头西晋墓出土青釉马

图57.西晋青釉镂孔炉

图58.西晋青釉点彩盖罐

图59.西晋青釉双系罐

图60.西晋青釉鸭圈

放在案上，纹饰即装饰于罐、壶等肩腹交接处和碗钵、盆的上腹部等人的视线所及之处。尤其是褐色点彩技法的运用，是洪州窑装饰工艺的一大突破，提高了当时洪州窑瓷器的档次，增强了市场竞争能力。

洪州窑匠师们的高超技术可以从江西省博物馆收藏的一件西晋青釉鸭圈模型得到充分体现，该件青釉瓷器（图60）出土于瑞昌码头西晋墓，器物高6厘米、口径14厘米、底径10厘米。鸭圈模型周身镂大小不一的长方形孔，间隔外面刻划叶脉纹，似将鸭圈置在阴凉的树丛中，凉风习习，禽类安逸。整件器物采用了刻划、镂空、捏塑、模制等多种技术工艺来表现鸭圈内三只形态各异、栩栩如生的鸭，神态逼真，十分惹人喜爱。同时说明魏晋时期家畜养殖业兴旺，人们的卫生习惯良好，家禽、家畜已经采用圈养方式。

西晋时期装烧工艺有了明显的变化。窑具除了支座之外，三国时期出现的间隔具，逐渐流行开来，其形制主要有环形、环形三足、圆形锯齿状（图61）等。东汉三国时期的斜边支座消失了，平底支座普遍变矮变小，形制有筒形束腰状、矮筒形、盘形等，前一时期流行的上小下渐粗的筒形支座不见了。装烧方法较前一时期复杂。罐等体形较大的器物依然是单件置于支座上或直接放在窑床上焙烧；灯、砚台等形制较特殊的器物，亦是单件放在支座上面；钵、碗、盏等圆器往往叠烧，每摞4—5件，器物之间以间隔具隔开，放在支座上面。这样瓷器烧成后，常常在内底釉面上留下间隔具的痕迹。支座变矮小，间隔具的出现，叠烧法的采用，是装烧工艺进步的表现，装烧时可以充分利用窑内空间，增加装烧量，提高产量，以适应社会对瓷器需求日益增长的新形势。西晋晚期，环形三足间隔具（图62）减少，锯齿状间隔具逐渐增多。因为锯齿形间隔具着力点多，重力分散，而且锯齿有小平面，叠装时齿口不会陷入坯体内，不见印痕，产品自然更加美观。

（四）初步兴盛期——东晋时期（316—420）

东晋时期北方战乱，南方地区相对稳定。311年发生"五胡乱华"的永嘉之乱，晋元帝率中原衣冠士族南渡，这是中国历史上第一次大规模的北人南迁。北方人口的大量南迁，既给南方带来了先进的生产技术，也带来了大量的劳动力。大批北人迁入南方，人口数量不断增加，加之瓷器成为人们喜爱的用品，逐渐取代铜器、漆器、陶器等其他质料的日用品，成为主流的生活用器。2007年，江西省文物考古研究所在南昌清理了2座东晋墓葬[9]，虽然出土遗物不多，除少量铜器、银器、料器外，陶器和酱褐釉瓷不见，只见青釉瓷器，器型有盏、钵、盒、折腹盖罐、小罐、唾壶等，其中盖盒和折腹盖罐是难得一见的精品洪州窑产品（图63），而且随葬的青瓷器物十分精美，可见青瓷器在生产生活中的地位。

面对市场需求的日益增多，在历史发展机遇到来之际，洪州窑青瓷有了进一步发展，开始步入兴盛期。窑场范围扩大，窑场生产中心移至赣江西岸，赣江东岸的清丰山溪只有少数几个窑场还有少量的烧造，把窑场从赣江支流清丰山溪河底、河东岸畔，迁到交通更为便利的赣江西岸丘陵岗阜地带，窑场的设置由依托小河小溪转移到凭借大江大河的有利条件。窑场主要分布在同田乡的李子岗、乌龟山、白鹭山、牛栏山以及曲江镇的象山、狮子山、外宋、寺前山、管家等地，形成洪州窑的两个中心窑区，即罗湖窑区和同田龙雾洲窑区。

东晋早期基本延续西晋的状况，东晋后期洪州窑逐步进入兴盛期。洪州窑窑场烧制的产品种类已经扬弃了陶器、酱褐釉瓷器的生产，增加少量黑釉瓷的生产，延续青釉瓷器的制作。种类增多，器型多样，造型规整，精美绝伦，美观实用。常见的器型有鸡首壶、唾壶、盘口壶、双唇罐、罐、盖罐、碗、钵、盏、盘、盆、碟、分格盘、杯、灯、砚台、熏炉等日用器（图64、65），新出现了烛台、釜、盏托（图66）、擂钵。器型修长，系耳规整，棱角分明，开始出现桥形系。罐、壶造型的特点是最大腹径在中部或中部偏上。碗、盏、钵等圆器出现圆饼足。

青釉瓷胎质细腻，以灰白色为主，还有浅灰色，坯泥都经过充分淘洗和长时间的陈腐。釉面匀润，多呈青黄、青绿或青色，也有米黄、青灰色、豆青色，釉面开冰裂纹。由于采用匣钵装

---

[9]江西省文物考古研究所等：《江西南昌市星辉加油站东晋墓发掘简报》，《南方文物》2010年第1期。

烧，质量大为提高，釉面光洁晶莹，胎坚质细，较之同时期的名窑岳州窑、寿州窑、越窑等有过之而无不及。

东晋时期器坯的制作与西晋一样，圆器类器坯单一使用拉坯，琢器类器坯拉坯、模制等多种方法混合使用。器坯的制作主要以拉坯为主，泥条盘筑很少见到，系、耳、流、把柄等附件和瓷塑采用模制法生产。这种生产瓷器的状况一直延续使用，终洪州窑的以后生产期不变。这是古代制瓷手工生产的形制决定的。

东晋时期装饰技法和内容较西晋时期发生了较大的变化。彻底淘汰了使用已久的传统印花、模印贴花技法，不见使用很久的麻布纹、水波纹，取消了铺首纹。发展了划花和褐色点彩技法，新

创了刻剔花技法。形成了以划花、刻剔花技法做出的以莲瓣纹、褐色点彩为主体的新的装饰风格，将洪州窑的装饰工艺提高到了一个新水平。

东晋洪州窑青瓷装饰纹样的设计、制作、布局和结构也匠心独用。划花技法仍较流行，可是以划花技法做出的纹样发生了改变，水波纹不见了，弦纹继续存在，出现并流行莲瓣纹、菊瓣纹，均饰于碗、杯的外侧。刻剔花技法是指以刻花、剔花二种方法相结合制作出的花纹，饰于碗、杯的外侧（图67）。具体做法是，先划出莲瓣纹，然后将莲瓣纹肩部以上花纹以外的部分剔除。

褐色点彩的色泽也略浅淡，主要装饰在盘口壶、罐、钵、碗、香熏、灯等器物的口沿部位，使用的范围增大，

数量增多。褐色点彩的彩点较前西晋时期变小，排列较密且规整。点饰在盘口壶、罐（图68）和钵（图69）等器物的口沿上，给人一种整洁、素雅的感觉。菊瓣纹大方、朴实，制作讲究，以较粗的单线条构成，线条流畅，划痕较深，密而清新，上下各饰一周，分别为覆式、仰式布置。覆式的较短，仅装饰在口沿；仰式的较长，设计合理，具有良好的艺术效果（图70）。

东晋时期是洪州窑装烧工艺发展的一个重要时期。窑具除支座、间隔具之外，还创造发明了匣钵。支座体形仍然较矮小，形制有筒形束腰状、盘形。由于这时期出现了匣钵，使用匣钵装烧的瓷器不再用支座，所以支座的数量相对减少。间隔具数量颇多，形制有环形、

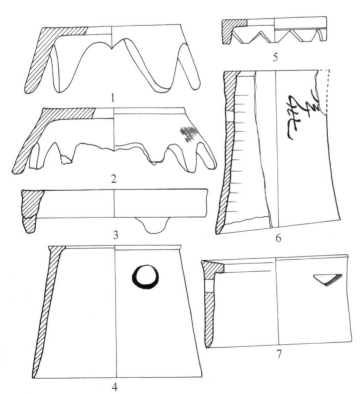

图62.象山窑址出土带间隔具青釉盏

图61.陈家山洪州遗址出土锯齿形间隔具和支座

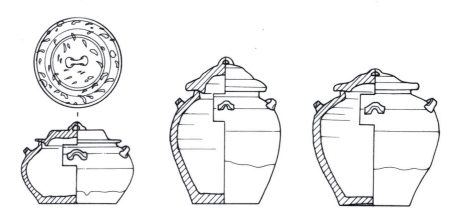

图63.东晋青褐釉盒

图65 东晋青釉盖罐

图64.洪州窑遗址出土东晋青釉瓷器

图66.东晋青釉盏托

图67.东晋青釉莲瓣纹杯

图68.东晋青釉四系罐

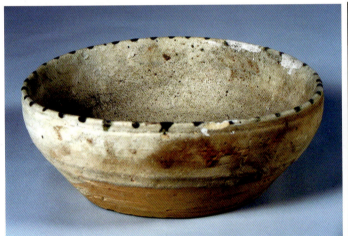

图69.东晋青釉点彩大钵

图70.东晋青釉菊瓣纹杯

图71.东晋匣钵

圆形锯齿状、环形三足状等。匣钵是装烧瓷器的窑具，以耐火土制成。瓷器放在匣钵里装烧，可避免窑顶落渣对釉面的污染和烟、火直接接触坯件，使坯件受热均匀，釉面光莹，可保证和提高产品的质量；匣钵耐高温，胎体结实，承重能力强，层层叠摞不易倒塌，可以充分利用窑内空间或适当增加窑室高度，提高产量。这时期匣钵的基本形制是桶形，但由于此时是匣钵的初创时期，造型还不够成熟，例如，有的胎壁较薄，有的腹壁外弧，壁部开4或6个三角形、不规则方形或椭圆形大气孔的匣钵多呈桶形（图71）。尽管如此，它的出现毕竟掀开了洪州窑装烧工艺新的一页。这时期装烧方法正处在承前启后时期，原有的和创新的并存，较为复杂，归纳起来主要有五种。第一种是支座支烧法，即是将单件或叠置的器物放置在支座上裸烧。第二种是"罐套烧"法，所谓"罐套烧"法，就是在较大的青瓷罐内套装单件或叠置多件钵、碗、盘、杯、盏等体形较小的青瓷器。其目的是为了利用罐内空间，增加装烧量。第三种是匣钵装烧法，这时期匣钵装烧的器物均为碗、盘、杯、盏等饮食器，每匣钵装1或2件。装2件者，叠置，器物之间、器物与匣钵之间一般用圆形锯齿状间隔具隔开。第四种是"罐套烧"和匣钵结合装烧法，是在较大的青瓷罐内叠置两个小桶形匣钵，匣钵内各装一杯或一盏，下面的匣钵与罐底之间置一圆形锯齿状间隔具。装窑时，在其上面的匣钵上，放一个与此罐尺寸相同，内装物一致的罐，将该罐底放在匣钵口上。由此也可

看出，将匣钵装上器物坯件放在罐内，其用意是为了让匣钵支承上面叠置的罐。第五种是"对口烧"法，主要用于烧盏，是将盏口唇部的釉抹去，把两个口径相同的盏对口扣在一起。这种装烧法均为裸烧，装窑时，可能是放在支座或匣钵盖上面。这时期是洪州窑装烧工艺的发展和探索时期，对提高产品质量和产量有重要作用的匣钵装烧法，使用不普遍，还没有显出其优势。

此时洪州窑窑工不断革新陶瓷工艺，探索陶瓷技术，改革工艺流程，率先在全国窑场使用焙烧时能随时测验瓷坯生熟的火照，使之能随时控制窑炉温度和火候，保证了瓷器烧造的质量。与以往江苏宜兴涧㳇窑发现的唐代火照相比，将中国制瓷使用火照的历史大大提前。特别值得一提的是洪州窑工匠发明了匣钵及匣钵装烧工艺，相比较湖南湘阴岳州窑始于南朝梁陈之际，安徽淮南寿州窑始于唐代中期，浙江越窑始于晚唐时期，洪州窑是迄今发现采用匣钵及匣钵装烧工艺最早的瓷窑。正因为这些先进工艺的使用，促使洪州窑从东晋后期开始步入兴盛期。

（五）辉煌期——南朝时期（421—589）

南北朝时期，北方战争频繁，政治动乱，但南方地区社会相对稳定，人口迅速增长，社会经济繁荣，江西经济进入加速发展时期，诚如南朝雷次宗《豫章记》所记："地方千里，水

路四通，风土爽垲，山川特秀，奇异珍货，此焉自出。奥区神皋，处处有之。嘉疏精稻，擅味于八方，金铁淘荡，资给于四境，沃野垦辟，家给人足，畜藏无缺。"[10]反映在制瓷业上尤为突出。南朝时期洪州窑窑场由于使用了东晋晚期发明的匣钵装烧工艺，积累了丰富的经验，瓷器质量有了明显提高，加上社会对瓷器需求量的日益扩大，东晋时期逐渐形成的洪州窑两个中心窑区，即曲江镇罗湖窑区和同田乡龙雾洲窑区，南朝时期得到进一步的巩固和加强，窑场数量进一步增加，药湖洪州窑窑区开始设窑生产瓷器，并逐渐得以发展壮大。南朝时期洪州窑窑场主要分布在同田乡的李子岗、乌龟山、白鹭山、牛岗山、蛇头山、蛇尾山、交椅山，梅林镇鹅头山，曲江镇的缺口城、狮子山、外宋、寺前山、象山、管家、南坪等地。

南朝时期青釉瓷器类型增多，造型规整，精美绝伦，饱满中见秀丽，造型由三国两晋的矮胖端庄趋向修长秀气，这与南朝门阀士族"秀骨清像"的审美观和社会习俗相一致，器类有鸡首壶（图72）、唾壶、盘口壶（图73）、双唇罐、罐、碗、钵、盘、杯、高足杯、灯盏、盂、砚台、二杯碟、盘托三足炉、分格盘、盏、博山炉等日用器。新创器类有瓶、烛盘、高足盘、插器、供台等。东晋时期一度中断的明器又恢复生产，如灶（图74）、镰斗、耳杯、带座三足炉、六畜模型等。洪州窑工匠凭借匣钵等先进制瓷工艺，得力于临近都城建康的地理优势，由水运可直达建康，因势利导，利用青瓷名窑越窑窑场

---

[10]《太平寰宇记》卷一0六引《豫章记》。

图72.洪州窑遗址出土南朝青瓷盘口壶、鸡首壶

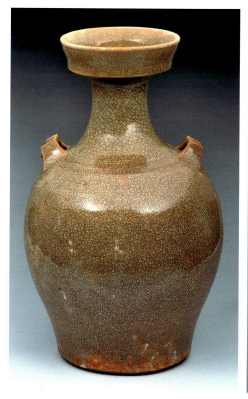

图73.南朝青釉双系盘口壶

图74.南朝青釉瓷灶

在经历了东汉至西晋的第一波发展高峰后陷入低谷，窑址数量大量减少，产量大幅度收缩，产品质量亦有所下降的有利时机，乘势超越，洪州窑生产的瓷器质量高超，纹样装饰独特，较同时期的越窑有过之而无不及，超出婺州窑、岳州窑、寿州窑等同时期的名窑。

南朝时期，洪州窑青瓷胎质细腻，质地坚密，呈浅灰或灰白、灰色，少数为青灰色，另有少量的胎色呈深灰色。釉色作青、青泛黄色、豆青色，多数呈米黄色，青釉色调多较淡，微微泛白灰色。釉层厚，玻璃质感强，釉面开冰裂碎片，易剥落。可能是使用的瓷土原料含铝量较高，含铁量低。由于含铝量高，胎的烧成温度可相应地提高，而釉的烧结温度却没有做相应调整的缘故。由于这时期使用了匣钵装烧工艺，釉面一般光净、晶莹，釉层厚薄均匀。器坯多数采用一件匣钵装置多件器坯的套烧方法，除最上面一件器物内满釉外，其余的圆器器坯内、外壁施半釉。

南朝时期的装饰技法基本沿袭东晋时期，褐色点彩、划花、刻花和刻剥花技法并用。褐色点彩技法逐渐衰落，划花技法多见，制作较为精细；流行刻剥花技法，刻剥花技法是指以刻花和剥花两种方法相结合所制作的花纹。

褐色点彩技法使用的范围缩小，主要饰于盘口壶、钵、碗等器物的口沿部位。褐色点彩的彩点很小，密集而又规整地点饰在器物的口沿上，没有两晋时期醒目，给人一种淡雅、清丽的感觉。褐色点彩主要见于南朝早期，南朝后期基本不见了。

划花和刻剥花的纹样主要有菊瓣纹、叶脉纹、莲瓣纹、莲花纹。叶脉纹多装饰在碗、盏的外壁，此类纹饰常见于六朝时期砖室墓的花纹砖上，把叶脉纹移植到青瓷碗盏上，是洪州窑工匠的创新，叶脉清新流畅，是洪州窑特有的装饰纹样。莲瓣纹、莲花纹是南朝时期装饰纹样的主体。各类碗、杯、罐、盘口壶等外腹壁多饰三线、四线重瓣莲纹（图75）。青瓷盘、盏托的内壁（图76），采用刻、剥、划等方法，在三组弦纹间饰莲瓣纹，莲花结构有三子单瓣、无子重瓣、四子重瓣和六子重瓣几种，花瓣分有瓣脉和无瓣脉。图案规整，线条流畅，立体感强，凝釉处呈碧绿色。碗杯类器物的外腹壁刻划的莲瓣，具有浅浮雕效果，莲瓣纹样从平面布局向立体拓展，配以清澈明亮的青或青绿釉，宛如一朵朵含苞欲放的花朵，亭亭玉立于一泓清澈碧透的湖水中，颇具诗情画意。

佛教自东汉时传入中国，至东晋开始流行，并随着东晋之南迁而传布江南。东晋、南朝时期是佛教初传江南得到迅速发展的时期，西域及北方高僧纷纷来到江南立寺、译经、传道，佛教思想渐入人心。江西庐山是南方一个重要的佛教传播中心，晋代和南朝时期曾有僧伽提婆、慧远、慧永、僧济、慧安、僧瑜、慧庆等高僧相继在此译经传道。381年，慧远大师在江西庐山建东林寺，创净土宗，专以净土念佛为修行法门，期往西方净土，开池植莲，在水中立十二品莲叶，随波旋转，分刻昼夜作为行道的节制，成为莲漏，东林寺也成为第一座种植白莲的佛教道场。又有西域僧康僧渊曾于晋成之世"于豫章立寺，去邑数十里，带江傍岭，林竹郁茂，名僧腾达，响附成群……尚学之徒，往还填委"[11]。"豫章"即唐之洪州，今之南昌。今洪州窑窑场位于距南昌30公里

的赣江沿岸，可能"豫章寺"也正在洪州窑窑场附近。受东晋以来佛教思想的广泛传播，南朝时期佛教影响广泛，对佛的崇拜达到登峰造极的地步，梁武帝崇佛，把佛教作为国教。各地大兴佛教寺庙，以至于唐代大诗人杜牧有"南朝四百八十寺，多少楼台烟雨中"的感叹。南朝时自印度、西域传来的佛教盛兴，作为佛门之花的莲花广为流行。各种器物、建筑上均可见到该类装饰，为迎合佛教徒的心理，洪州窑青瓷自东晋南渡以至整个南朝期间均不可避免地受到佛教思想的影响，洪州窑器物的装饰盛行莲瓣纹、莲花纹图案（图77-1、2），甚至在外底足视力不及之处也刻划莲瓣纹。1993年，李子岗洪州窑遗址考古发掘出土一件南朝青釉莲瓣纹碗（图78），高8.2厘米、口径14.2厘米、足径6.2厘米。这种在人们视线不及的地方刻划纹饰的做法也开了后世在底足刻款的先河。莲瓣纹、莲花纹端庄、朴实、高雅、圣洁，制作精细，是南朝时

期装饰纹样中的精华，是装饰艺术的魅力所在。南朝洪州窑青瓷上的莲瓣纹、莲花纹是那个时代江西地区佛教流行的反映，是当时民众信奉佛教，也是窑场工匠们佛教意识的反映，佛教文化对中国陶瓷纹样的影响由此可见一斑。

南朝时期是洪州窑装烧工艺平稳发展和趋于成熟的时期。窑具主要有间隔具、匣钵，支座基本不见了。间隔具的种类发生了变化，环形三足状间隔具已少见（图79），圆形锯齿状间隔具急剧减少（图80），环形间隔具大为流行，并普遍变薄；出现了以耐火土制作的柱形和圆钉形间隔具，使用时，前者三个、后者四个为一组。匣钵趋于成熟，形制较为统一，均为桶形，胎体较厚重，直壁微微向内倾，口部一般留有三个弧形缺口，壁下部开两个对称的三角形或椭圆形、圆形气孔，孔较前一时期小得多，较好地克服了东晋时期匣钵形制上的不合理因素。这时期的装烧方法逐渐规范化，主要有四种。第一种

图77-1.南朝青釉莲瓣纹盏

图77-2.南朝青釉莲瓣纹碗

[11]梁·释慈皎《高僧传》卷四。

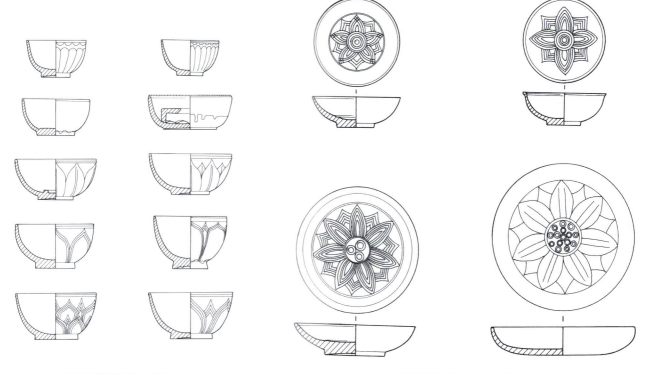

图75.洪州窑遗址出土南朝盏   图76.洪州窑遗址出土南朝青釉盘

图78.南朝青釉碗底足莲瓣纹

图79.环形三足间隔具

图80.圆形锯齿状间隔具

图81.南朝青釉叠烧碗

是"罐套烧"法，由于匣钵装烧法的较多使用，"罐套烧"法已用得不多。第二种是匣钵装烧法，装烧的器物有碗、盘、杯、盏等，一般说来，除了部分盘外，圆器基本上都是放在匣钵内装烧。每个匣钵内装烧的数量不等，有的一个匣钵装一件器坯，有的则一个匣钵装置多件器坯。多器者，内装5或6件同类器物。如象山洪州窑遗址出土南朝装烧的青釉碗（图81），通高14厘米。由大至小依次叠装不同的器物，置放在圆桶形平底匣钵内装烧。解决了落砂和承重的重要问题。第三种是"罐套烧"和匣钵结合的混合装烧法，这种装烧法南朝时期较为多见，装置方法同东晋时期。第四种是不用支座的单件裸烧法，是将盘口壶、罐等体形较大的器坯直接放在窑床或叠摞的匣钵最上面的匣钵盖上。南朝时期装烧工艺基本承袭了东晋时期，较好地发扬了前一时期的合理因素，克服了不利因素，使洪州窑的装烧工艺上了一个新台阶。匣钵装烧法受到重视，具有明显优势。

（六）鼎盛期——隋代时期（589—618）

581年，杨坚篡夺北周政权建立隋朝。589年，消灭了南朝的最后一个政权——陈，完成统一。隋代是中国历史上经历了魏晋南北朝300多年分裂之后的大一统王朝，隋文帝励精图治，开创了著名的"开皇之治"，经济迅速发展，国力大幅上升。江西经济在这种大背景下随之进入大发展时期，尤其是隋炀帝开凿的大运河不仅成为南北政治、经济、文化联系的纽带，也成为沟通亚洲内陆"丝绸之路"和海上"丝绸之路"的枢纽；运河通航促进了沿岸地区城镇和工商业发展，发挥着贯通南北动脉的作用。隋以前，江西通往北方的主要路线是过长江，走汉水，经关中，到中原；长江往两广主要路线是穿洞庭湖，溯湘江，跨灵渠，顺漓江，至广东。江西并没有处在连接南北的主干道上。隋炀帝大业年间大运河的开通，将南北五大水系联成四通八达的水运网。整个南北通道开始东移，赣江成为最为经济便捷的南北大通道，江西原来由赣江做骨干、彭蠡（今鄱阳）湖为枢纽的地域交通网融入全国主要交通网络之中。江西的赣江——鄱阳湖成为南北大通道的重要组成部分。地处赣江岸畔的洪州窑窑场因此进入繁荣兴盛期，沿着大运河洪州窑的优质青瓷输往中原和北方各地，在扬州出土不少洪州窑瓷器。

隋代洪州窑又有新的发展，窑场在原有的基础上继续拓展，窑业生产由南朝时期的辉煌进入鼎盛时期，窑场继续扩大，生产数量急剧放大，装饰纹样丰富突出，形成独有的特色。南朝时期的窑场仍在烧制，罗湖窑区又新增了对门山、上坊、尚山等新窑场。不过因为社会对瓷器的需求量随着人口和经济的发展，急剧增大，洪州窑窑场经过很长时间的开发，地表层易开采的优质瓷土逐渐匮乏，洪州窑业主面对资源环境和市场需求的挑战，做出了图谋发展、整合资源的决策，关闭了那些生产、销售条件差的小窑场，把人力、物力、财力集中在各方面条件都优越的曲江镇罗湖村一带烧造优质产品，从此罗湖窑区成为洪州窑隋唐时期的最大窑场。同时为了解决优质瓷土匮乏的困境，洪州窑工匠采用在器坯上施一层较细腻的灰白色化妆土的方法，将器物坯体较深的颜色覆盖，使较粗糙的器物坯体表面变得光滑洁白，增加釉的莹润效果。通过增加原料的供给，保证洪州窑的生产。

隋代洪州窑青瓷器种类、造型等基本沿袭了南朝晚期的风格特点，器物造型简洁，趋于修长，更趋秀丽，注重实用。器类有所增加，种类特别丰富，有鸡首壶、唾壶、盘口壶、罐、瓶、碗、钵、杯、盏、盘、砚、瓢尊、高足盘、高足杯、分格盘、盏、盘托三足炉、盘托五足炉等（图82），新的品种令人惊喜，新出现提梁扁腹水注、佛教用具军持以及玲珑瓷，流行敛口圜底钵和高足杯、高足盘，足部均呈喇叭形，造型规整别致。壶的盘口加高，颈部变长，腹部为椭圆。盘托多足器由南朝的3兽足、4兽足向5兽足或者3双环足发展。分格盘从10格、9格减少到8格、6格。高足盘中一类高足较矮的盘内压印有规整的朵花、柏树纹样，如同圜底钵一样内壁单体戳印花纹。壶、唾壶类器，口沿部都成盘状，较南朝时同类器型的盘口显得更深。尤其是壶的颈部长而直，肩略斜，腹瘦长，颈部常有浑粗的凸弦纹装饰。与南朝时期壶类的浅盘口、浑圆球形腹有明显的区别。新出现双环足砚、盘托双环足炉等，其环状足式为前代所不见，可认为是隋代新出现的造型。还有一种深腹碗，口微敛而腹壁深直，也特具时代风格。一些南朝时期沿袭下来的器型，如五盅盘、二杯盘、分格盘之类，也变南朝时的平底为小圆饼足，因而带有鲜明的时代特征。各类碗、杯、罐、钵的底腹交界处有一道

旋削痕，这种手法一直延续至唐代中期，釉色青或者青泛黄色，使用化妆土普遍。

随葬冥器的插器、灶、水注、五盅盘、分格盘等制作粗制滥造，器物变形，胎釉不精，深灰色胎，青褐釉有的演变为酱褐色，五盅盘、分格盘、唾壶等与南朝相比变小，灶也更加简化，人物面部模糊，水注的盖和腹部黏连成一体，甚至有的底足黏连垫圈等。

隋代洪州窑瓷器烧造工艺比之前代有较大的改进和提高。两晋南朝时期的青瓷其胎料淘洗、加工不够精细，杂质较多，以致成型后的干坯在焙烧时，膨胀和收缩都不均匀，产品容易变形或烧裂。而隋代在高温焙烧时不仅不易变形，有效地提高了成品率，而且也有可能使胎体变得稍薄，器物的造型自然较前朝显得更为秀丽挺拔。隋代洪州窑瓷器采用拉坯而成，坯体各部位安排得平衡而得体。如碗、钵、杯一类器物，上部胎薄，中部适中，下部厚实，给人以稳重感。瓶类的转折部位，由小渐大，使整个器物受力均匀，不易变形。这是隋代制瓷工匠在制作坯体时，对变压系数和受热后负荷、软化点等因素能熟练掌握的效果。

隋代青瓷胎质一般较细腻，质地坚硬，胎以灰白色为主，也有浅灰、灰、青灰、深灰、灰褐或灰红色。灰白色者，胎质细白坚致。选料比较精细，捏练和陈腐的技术有所提高，使瓷土得到较好的溶融，胶体物质增加，可塑性和耐火性能相应加强。同时，这时期的青瓷胎体一般比较粗厚，更具备了较好的抗变形的能力。

施釉有两种，一种内满、外不及底，一种内外均施半截釉，内壁底心和

外腹下部近底部露胎，流行半截釉。施釉方法有荡釉和蘸釉，一般器物里面用荡釉法，外面用蘸釉法。釉呈青或青泛黄色，色调普遍比较浅淡，以青黄为主，少数呈青褐色，也有青绿、黄绿和酱褐色。青釉色调者大多釉层均匀、釉色亮泽，釉面多较光净、莹润，玻璃质感较强。其他色调者釉层不均匀，釉层稀薄处呈灰白色。釉层下均涂抹灰白色化妆土，由于胎、釉和化妆土的烧成温度不一致，膨胀系数不同，化妆土与胎釉结合不牢，釉面普遍开细冰裂纹，且多有剥釉现象，器物脱釉严重。洪州窑使用化妆土工艺自此时开始（图83）。

隋代装饰工艺做了重大调整，与南朝相比有明显差异。扬弃了褐色点彩技法，不见刻剔花技法，常见划花、刻花技法堆塑和出现并大量使用单体戳印新技法。隋代青瓷在纹样装饰上显得题材丰富、活泼自然。其图案组织主从分明，搭配得当，写实性强而又富于变化，比之南朝青瓷装饰图案的拘谨、呆板显得更为新颖、活泼、自然。

划花是用一种尖利的工具，在瓷胎末干时划出各种花样，然后施釉，入窑烧制。纹样主要有弦纹、莲瓣纹和菊瓣纹，前期的莲花纹不见了。弦纹使用仍然很普遍，除了运用在器物的口部和肩、腹部外，还常见于钵、高足盘的内侧。隋代的弦纹常常采用成组使用，每组二至八根不等。装饰时，每件器物装饰二组或三组，将器物的表面分割成两部分或者三部分，在两组之间装饰主题花纹。弦纹在这里起辅助作用，使装饰部分层次分明，规整有序，尤其是能更好地突出主题花纹的装饰效果（图84）。隋代菊瓣纹很少见，以细线划成，线条细而清晰，与南朝相比，只

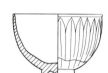

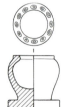

图82.隋代青釉瓷器造型

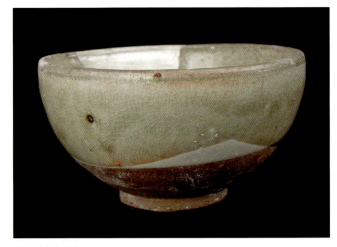

图83.隋代青釉碗

图84.隋代印花钵

图85.隋代莲瓣纹碗

图86.隋代青釉钵

图87.丰城藏隋代印花瓷模

有仰式的，没有覆式的，装饰在盂的外壁。莲瓣纹装饰于鸡首壶、盘口壶等器物外壁。

刻花的纹样仅有莲瓣纹一种，花瓣宽肥，上下基本等宽，折肩，瓣尖较短（图85），有的还在上下左右划出放射状的短线（图86）。这类纹样主要饰于碗等器物的外侧，也有装饰在碗内壁的，并且与碗内底的花纹组合，数量少见，质量较高，艺术性较高，但与南朝时期相比，纹样简化，制作比较潦草。刀法不佳，线条粗笨。

流行单体戳印技法，终隋一代盛行不衰，这个技法最早出现在东汉时期，其时在青瓷和支座上戳印单个铜钱纹。六朝时期中断，没有全面展开使用。单体戳印是隋瓷最常见的一种装饰工艺，在瓷胎未干时，用瓷质的印模在胎体上压印凸凹不平的花纹，然后施釉，入窑烧制，显出釉下的花纹。印模为瓷土做

成，呈圆柱束腰形（图87），直径一般在3厘米左右，长6～7厘米，两端均有阳纹[12]。戳印的纹样较为丰富，主要有松枝纹、枝叶纹、朵花纹、梅朵纹、忍冬纹、莲瓣纹等，这些纹样主要戳印在圆底钵和高足盘的内侧。以这种技法做出的纹样，从不单独使用，而是四、五、六或八个（朵）等距离、排列有序地戳印于器物的内侧。同一件器物所戳印的，有一些是一种纹样，即同一个印模戳印出来的；有一些是两种纹样，相间排列，具有良好的装饰效果。这时期装饰技法和内容与以前有了明显的差异，彻底废弃了褐色点彩技法，不见了刻剔花技法，少见刻花技法；纹饰内容上，不见了菊瓣纹和南朝时期那样形制精制的莲瓣纹，出现并流行了松枝纹、枝叶纹、朵花纹、梅花朵纹、忍冬纹等。形成了以戳印技法做出的植物枝叶、花朵纹为主体的新的装饰风格，开

创了洪州窑装饰工艺的新天地。纹饰清晰，布局匀称、多变，整齐精巧，主次分明，写实性强且富于变化（图88、图89、图90、图91）。

隋代是洪州窑装烧工艺的进取时期。窑具与南朝时期一样，有间隔具和匣钵，但是具体式样不同，发生了变化。间隔具中的圆形锯齿状、柱形、圆钉形间隔具消失，仅有扁平环形间隔具，并普遍较薄（图92）。由于装烧时碗等器物内外壁多施半釉，所以间隔具用得也较少了，有的甚至使用细沙间隔。匣钵均为桶形，体形较南朝时期缩小，胎体也较薄。壁上部微外弧，下部微内收。壁下部开两个对称的圆形小气孔，口沿部一般留一个半圆形缺口。这时期的装烧方法单一固定，形成规律，不见"罐套烧"法和"罐套烧"与匣钵结合装烧法，只采用和流行匣钵装烧法。匣钵装烧器坯的范围扩大，不但装

图88.隋代印花钵

图89.隋代印花高足盘

[12]范凤妹等：《江西出土的隋代青瓷》，《江西历史文物》1984年第1期。

图90.隋代印花纹样

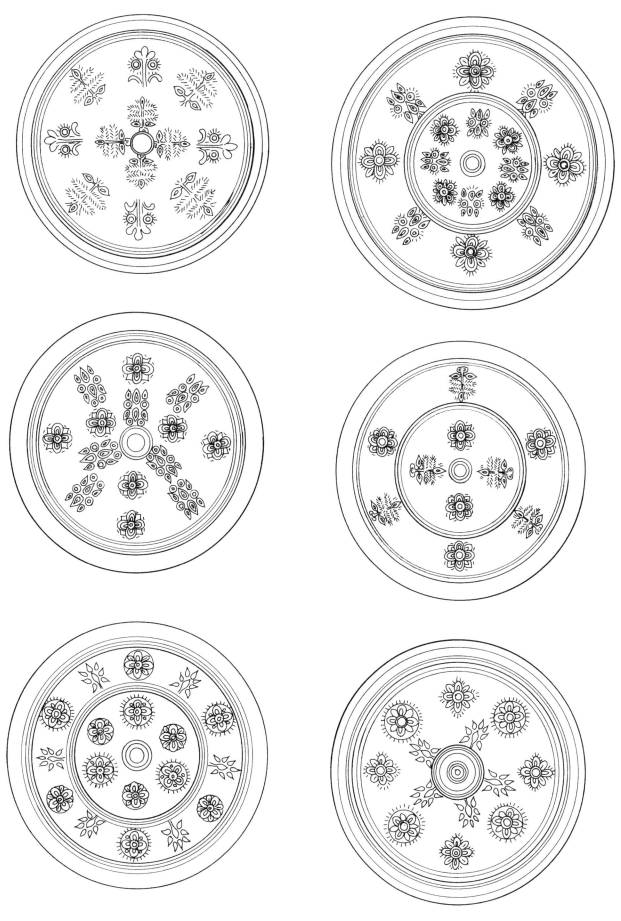

图91.隋代青釉高足盘印花纹样

图92.隋代扁平环形间隔具

烧碗、钵、盘、杯等圆器，而且也装烧一些形体较小的罐，这是以前所没有的新情况。每个匣钵内装烧的数量不尽相同，有的是一个匣钵装一件器坯；有的是一个匣钵装两件器坯，并且往往两件器物不是同类器物，一般下面是碗，上面是高足盘或罐；有的则是一个匣钵装多件器物，一般是叠置3—4件碗、杯类器物，器物的尺寸由下而上一个比一个小，最上面的一件往往是制作精细的杯子。因碗内外壁施半釉，所以叠置的器物之间不用间隔具，只是最下面的碗与匣钵之间设置一较薄的环形间隔具。此外，盘口壶、鸡首壶等体形较大的器物仍采用单件裸烧法。隋代洪州窑的装烧工艺有了较大的改革，力求简单、方便、实用，收到了良好的效果。匣钵装烧法充分发挥了作用，成为装烧工艺的主流。

（七）兴盛期——初唐时期（618—704）

618年，宇文化及等在江都煽动兵变，弑逆隋炀帝，隋朝灭亡，李渊篡隋称帝，建立唐朝，改年号为武德，定都长安(今陕西西安市)，唐代正式开始，虽然经过朝代更替，但洪州窑窑场远离政治中心长安，受到的影响较小。初唐时期洪州窑技术延续隋代，与隋代基本相同，没有太多的革新发展，洪州窑的生产区域、品种以及瓷器的装饰基本上与前朝相同，洪州窑保持兴盛，窑场仍然集中在洪州窑最大的窑场罗湖窑区，其他的窑区基本上不生产，曾经是洪州窑两个中心生产区之一的龙雾洲窑区也大部分停止生产，在窑业堆积中不见初唐时期的遗物，药湖窑区只有鹅头山窑场还在生产。

初唐时期的洪州窑青瓷与前代相比制作益加精细，器类除与隋代品种基本相同，日用器、茶具、酒器、食器、文具、玩具均有所见。生产以碗、杯、盘、罐、敛口深腹盂为大宗，新出现了七连盂、深腹圆饼足大盂、印模、擂钵、纺轮、莲花纹军持、鸽形哨等。产品造型特征有所变化，形体较前朝同类器缩小，尤其是底足变化较大，盘口壶、罐等普遍由平底改为圆饼足，初唐时期器物不论是圆器还是琢器都有一个共同特点，即外腹壁与底足交接处有一周旋削平台。

瓷胎比较细腻，质地坚硬，釉的色调较深（图93），多数呈深灰色，也有的呈青泛深黄色、青泛褐色、深褐、灰泛紫、砖红色，少量呈青黑泛深黄色。普遍在施釉前先施一层化妆土（图94），然后上釉入窑烧制。一般内满釉外不及底。釉层均匀，饱满滋润，釉面多光莹，釉呈青褐、青泛深黄、青泛褐、黄褐和褐色，以青褐色为主。化妆土与釉层结合得较好，很少有剥釉现象。

初唐时期的器物装饰简化，多是通过釉面效果来取胜。饰有花纹的器物在产品中的比例急剧下降。装饰技法大体承袭隋代，主要有划花、刻花、单体戳印技法，没有涌现新的技法。纹样内容与隋代相比变化较大，大有不同，主要有弦纹、重圈纹、锥刺箆点纹、水波纹、莲瓣纹、小朵花纹（图95），单体戳印花纹中不见隋代流行的松枝纹、枝叶纹、叶片纹，流行重圈纹，形成以单体戳印技法制作重圈纹为主要特征的装饰风格（图96）。划花的纹样有弦纹和竖向或放射状的水波纹。弦纹随处可见，运用十分普遍，尤其是钵、高足盘、盘等器物的内壁常常是饰有成组（一般是2—3组）弦纹（图97）。竖向水波纹制作较为工整，线条粗细、深浅较为一致，皆与其他纹样配合使用，多见饰于戳印在钵内底的朵花纹周围的壁上，呈放射状或放射状分组排列，素

雅、清新，有较强的烘托主题花纹的作用（图98）。刻花的纹样仅见莲瓣纹一种，仰饰于敛口、深腹大盉的外侧下部，做工较粗放。单体戳印花纹样有朵花纹、莲花纹、朵梅纹（图99）、莲瓣纹、重圈纹等。朵花纹见于钵的内底和大盉的外侧，莲瓣纹亦见于大盉的外侧，莲花纹装饰于钵的内底和水盂的外壁，重圈纹多饰于盏、杯、水盂的外侧（图100）。这些饰于器物外侧的纹样，皆等距离布置，规整有余，生动不足。这时期装饰工艺与隋代相比，其变化主要表现在装饰纹样上，在划花的纹样中，不见了莲瓣纹，出现了竖向波纹；在戳印花的纹样中，不见了松枝纹、忍冬纹等，盛行了重圈纹，并形成了以戳印花技法做出的重圈纹为主要特征的装饰风格（图101），重圈纹为变形之花叶，其上下有水波纹，表示水中之莲。或锥点出现虚线的莲瓣轮廓，或在重圈纹内外戳印放射线，实际上表示盛开的莲花。这种新式的莲纹是南朝、隋代莲纹的延续与变体。

唐代早期是洪州窑装烧工艺的调整时期。窑具有间隔具和匣钵。间隔具与隋代一样只有环形扁平间隔具，而且较隋代薄。匣钵均为桶形，胎体尤其是底部厚重，腹壁略向内倾斜，壁下部开一个圆形小气孔，与其对应的口沿部留一个半圆形或三角形小缺口。唐代早期的装烧方法更加规范。碗、钵、盘、高足盘、杯、盏、盘口壶、双唇罐、罐、瓶等几乎所有的器物都放在匣钵内装烧，改变了盘口壶、罐等体形较大的器物一直裸烧的状况。每个匣钵内装烧的数量不相同，有的是一个匣钵一件器物；有的则是一个匣钵多件器物，一个匣钵内叠置4—5件碗、杯等器物的情况最为常见，器物口径自下往上一件较一件小，最上面的一件一般情况是杯。为了防止匣钵内器物之间黏连，有的碗、钵、杯或盘、碗、钵、杯不同造型的器物混合装在一个匣钵内。因碗、盘、钵等圆器内外均施半釉，叠装时不用间隔具，只是在内底露胎处撒薄薄一层细砂。最下面一件与匣钵之间置放一个环形间隔

图93.初唐青釉杯

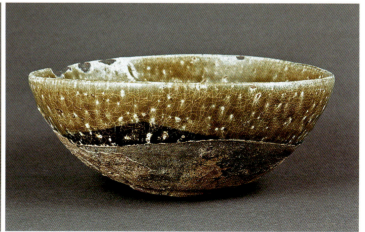

图94.初唐青釉碗

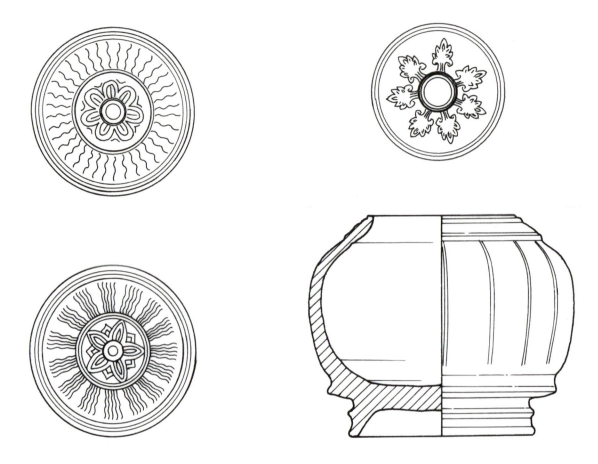

图95.初唐青瓷花纹和器形

图96.初唐青釉重圈纹杯

图97.初唐青釉弦纹高足盘

图98.初唐青釉水波纹盏

图99.初唐朵梅纹盏

图100.初唐青釉水盂

图101.初唐重圈纹杯

具。唐代早期洪州窑对装烧工艺进行了调整完善，着眼点是提高产品质量，尤其是釉的质量和扩大装烧量。

（八）持续兴盛期——盛唐时期（705—780）

唐代是我国封建王朝发展最为鼎盛的朝代，政治、经济、文化等方面的发展达到了一个空前的高度，使得唐朝在世界范围内是远近闻名的大国、强国。尤其是唐玄宗李隆基（685—762）在位44年，起用贤臣，虚怀纳谏，政治清明，改革吏制，并大力发展经济，提倡文教，发展外交，使得天下大治，政局稳定，经济繁荣，文化昌盛，国力富强，唐朝进入全盛时期，并成为当时世界上最强盛的国家，史称"开元盛世"。其时户口大量增加，人口剧增，史载江西人口从南朝宋时期的4.6万户，33万余口，至南唐时已增至30余万户，约150万口，增长了近5倍。由此可见一斑。经济发达，商业繁荣，对外贸易兴盛，这在一定程度上刺激了制瓷业的发展。瓷器成为外销商品之一，埃及的福斯塔特作为中世纪伊斯兰世界和中国进行陶瓷贸易的重要遗址，一直为世界各国的陶瓷学者所重视,日本大阪出光美术馆曾组团专门进行调查,发现中国陶瓷残片12700余片。可见世界各国对中国瓷器的需求激增，大大刺激了中国陶瓷业的发展，全国各地名窑都在寻求跨越式发展，面对各地名窑的挑战，洪州窑的经营者没有停留在原有的水平上，没有一味寻求扩大窑场规模的常规办法，窑场仍然集中在罗湖窑区，窑场的规模较大，宽达1千米。而是与时俱进，锐意改革，在打造精品、开发新产品的基础上，将瓷业做大做强。

器坯的制作技术没有变化，仍然如前朝时期一样采用拉坯和模制相结合的方法，个别采用捏塑。生产技术上仍然采用隋代以来在坯胎上施化妆土的工艺，以期增加原料产地，扩大原料来源，美化器物的胎釉。其次通过提高窑炉构筑技术，扩大窑炉装烧坯件的面积，延伸窑炉的长度，龙窑长度达30多米，增加产量和产品的种类，大量烧制社会需求的青釉碗、盘、钵等日常用品。

瓷器品种沿袭隋代，数量较前期有所增长。生产以碗、杯为大宗，质量较前有所提高。尤其是杯类产品，不但式样多，而且质量好。开发了满足文人雅士需求独特的水盂、多足壁雍砚（图102）等文具和海内外市场走俏的仿金银器造型的青黄釉碗、高足杯、六字形把手杯（图103）等。碗的底足开始由圆饼足向玉璧底或者圈足变化发展。壁雍砚台为洪州窑代表性文具，一侧附小管，制作精致，品位极高。模仿金银器的器物出现，多有出现六字形把手。

盛唐时期青瓷胎质较细而坚，胎色更深，多呈深灰、铁灰色，淘洗尚精细。上釉前均涂灰色化妆土。器物多内

外半施釉，少数内满釉外不及底足。釉层厚而均匀，釉面细腻、柔和，光泽感强，多呈青褐、褐色，也有黄褐、酱褐色，与陆羽《茶经》中记载的"洪州瓷褐"相吻合。这时期的瓷器主要追求釉色本身的装饰效果。

盛唐时期因为全面追求釉的装饰效果的缘故，装饰技法和内容急剧减少。常见的仅有划花技法，纹样也只是弦纹等，有的青瓷碗外腹壁中部施加较宽的凸弦纹。这时期洪州窑装饰的重点转向了釉，传统的装饰技法绝大部分弃之不用了。最为重要的是洪州窑工匠能够充分利用单色青釉的特点，通过胎釉的改造，使胎质细腻，釉层厚而均匀，釉面柔和，光泽感强，使此时期的洪州窑瓷以釉取胜，追求釉色本身的装饰效果，釉色多呈青褐、黄褐色（图104），与陆羽《茶经》描述的釉色相同，一跃进入中国古代六大青釉瓷名窑之列。这些改革措施使洪州窑的产品质量达到一个新的飞跃，不少佳作受到上流社会的喜爱，甚至远销东亚、西亚一带，并一度成为贡品。

盛唐时期是洪州窑装烧工艺的调整时期。窑具有环形间隔具和匣钵。环形间隔具的制作较初唐时期更为草率，厚度变得更薄。匣钵均为桶形，形制与初唐时期流行的造型基本相同，只是尺寸有所增大。这时期的装烧方法与初唐时期一样，几乎所有的器物都是放在匣钵内装烧。器物的装置形式有所变化，一个匣钵置放一件器坯的做法不见了，均为一个匣钵内装多件器物的形式。一个匣钵多件器坯的做法可细分两类。第一类是多件大小尺寸不同器物叠装，少者3件，多者竟达9件。器物口径自下往上一件较一件小，不同器型往往混合装烧，盘、碗、钵、杯混合装烧者，中间有的放置小盘，以防止器物黏连。因为碗、盘类圆器内外壁施半釉，器物叠装之间不用间隔具，只是在内底撒一薄层细砂。最下面一件与匣钵之间置放一个环形间隔具。第二类是平装，即在一个匣钵内平放多件器物。目前所见，装置的均是做工精良的杯子，少者4或5件，多者7件。其与匣钵之间不用间隔具，仅置以细砂而已。这时期洪州窑装烧工

图102.唐代青褐釉多足砚

图103.唐代六字形把手酱褐釉杯　　　　　　　　　　　图104.唐代四系罐

艺重点是，在保证质量的前提下，尽可能扩大装烧量。

（九）衰落期 ——晚唐五代时期（821—960）

经过唐代近300年的经营，中国经济虽然得到极大的发展，成为封建王朝的帝国时代，但是晚唐五代时期中国历史又一次进入动荡时期。唐末各地藩镇割据，农民起义频繁，严重影响了经济的发展。五代，政权更迭，社会动荡，经济进入萧条局面。在这样的经济与历史背景下，洪州窑遗址除了未见中唐时期地层和遗物，可能是这一时期没有生产，而且洪州窑在晚唐以后开始走向衰落。相反，中晚唐时期鄱阳湖东岸的信江、乐安江流域出现以生产具有长沙窑、洪州窑、鲁山窑、越窑等特征、特色鲜明的青瓷窑场，其中以乐平南窑、余干黄金埠窑为代表。

洪州窑最大的窑区——罗湖中心窑场经过业主们几百年的经营生产，瓷土资源已近枯竭，面对困境，窑工们不得不将洪州窑窑场重心转移到瓷土资源较丰富、交通条件更为便利的曲江镇罗湖南部赣江两岸，主要分布在曲江镇曲江村、丰城市区、尚庄镇石上村、剑南街道办罗坊村等地。另外，同田乡的牛岗山也有少量烧造。这些地方处在当时的县城附近，设有草市，贸易发达，便于瓷器的交易、转运。具体窑场有曲江村窑仔岗、孟家山，尚庄镇石上村黄金城，剑南街道办罗坊村罗坊、窑里，丰城市中心公安大楼，以及同田乡的牛岗山。

晚唐至五代时期，洪州窑的生产逐渐衰落，器物种类大为减少，器型以罐、碗、盏、钵、盘、高足杯、炉、器盖等普通日用器为主。新出现了注壶、碾轮、碾槽等品种。因为采用支座叠烧法装烧，使得这一时期的碗、盏、盘等产品多流行撇口，壁斜直或腹略直。器型较前代精巧秀丽，多平底宽边、矮圈足的造型。

洪州窑瓷器胎质相比较唐代早、中期明显粗糙，不够细腻，胎较粗松，似未经充分淘洗陈腐。胎体变薄，胎多深灰、灰褐、灰、灰泛紫、黑灰色，也有灰白色，以灰或深灰色为主。自隋代开始使用的化妆土工艺，到这时期被废弃不用了（图105）。

器物一般内壁施满釉，外壁施釉不及底足。釉色多数为深青黄、深青褐、褐、黑褐色等，少量为黑色，也有黄褐和青灰色。色泽普遍较深，釉层薄且不均匀，多不透明，釉面多显干涩，缺乏光莹，与前期强调釉的装饰效果不可同日而言，总体质量较粗糙。

晚唐至五代时期不见前一时期釉的良好装饰效果，装饰只能以素面为主，再加上划花、刻花、彩绘等装饰技法在其周围的越窑[13]、长沙窑[14]等窑的兴盛，洪州窑的工匠们似乎又想起了传统的装饰工艺，除了划花之外，恢

[13]慈溪市博物馆：《上林湖越窑》，科学出版社，2002年。
[14]长沙窑课题组：《长沙窑》，紫禁城出版社，1996年。

复了戳印技法，纹样也有所增加。划花的纹样主要有弦纹、菊瓣纹、竖线纹、缠枝卷草纹等。弦纹仍然是常见的纹样，饰于注壶、罐等器物的外侧，菊瓣纹饰于盘的外侧下腹部，缠枝卷草纹、竖线纹饰于注壶柄的外侧。戳印花纹样见有朵花纹，饰于碗的内底部。

晚唐至五代时期是洪州窑装烧工艺的变革时期。此前所使用的间隔具、匣钵均已消失，出现了一种新的窑具——支座（亦称垫柱）。支座的基本形制呈倒置的笔筒形，有的上粗下渐细，有的中部内弧作束腰状，有的则上部内弧、下部外撇，呈喇叭状。其支面平整，外侧多作瓦棱状，有些壁上部设一圆形气孔，胎体多较厚重。这类支座与东汉三国时期的制作相比，体量适中，只有平底支座，没有斜底边支座。因为窑具完全变了，所以装烧方法发生了重大的变化。碗、盏、盘等圆器均是分类叠置，叠置时为防止黏连（这些器物外侧施釉近足部，内侧满施釉），以5或6个含砂量较高的长圆形瓷土泥团间隔（图106），即通常所说的"砂堆叠烧"法。烧成后往往在器物内底、外底足缘留下泥团或泥团痕迹。叠置的器物，或口部向上放在支座上，或口部向下扣在支座上。其他器物则单件放在支座或直接摆在窑床上焙烧。洪州窑对装烧工艺改动的力度相当大，取消了自东晋晚期以来流行使用的匣钵装烧法，流行了支座叠烧法。支座叠烧法虽有装、取简便，可成批生产同一规格的产品等优点，但它毕竟是裸烧，不可能完全保证釉的质量。

伴随历史的向前发展，人们的需求和审美意识、观念的变化，适应了这一变化的江西景德镇、吉安吉州、赣州七里镇、南丰白舍等地的窑场异军突起，白瓷、青白瓷的蓬勃发展和彩瓷的创烧，逐渐取代了青瓷，造成洪州窑竞争无力，至五代时逐渐退出历史竞争舞台。洪州窑虽然退出了历史舞台，但洪州窑悠久的制瓷历史，辉煌的制瓷技术成就，为中国乃至世界的陶瓷发展作出了突出的贡献。

图105.晚唐酱褐釉器盖

图106.晚唐酱褐釉碗

第三章

洪州窑瓷器的造型特征

在漫长的历史发展过程中，洪州窑烧制了大量的壶、罐、瓶、碗、盏、杯、砚台、熏炉等器型，因为烧制工艺的改进、审美的不同和社会需求的变化，不同时期的产品具有明显的时代特征。

（一）壶类器

《周礼·秋官·掌客》郑玄注："壶，酒器也。"可见壶类器主要的功能就是酒器。自汉代以来，瓷壶一直是各地窑口生产的大宗产品。唐以前壶无把，只在肩腹部安系耳。从唐代开始流行执壶。依据不同的造型分为盘口壶、鸡首壶、唾壶、执壶、三足壶等几类。

1.盘口壶：是指一种盘口、束颈、腹圆鼓、平底、肩部置系的壶类器，是一种储酒器具。因器物口部呈盘口而得名盘口壶，是六朝时期青瓷的重要器型，自东汉至晚唐五代一直生产，釉色随朝代的不同，变化较大，早期东汉和晚期五代时期主要是酱褐釉，造型也随着时代的更替而不断变化，底足由平底向圆饼足发展。其造型由

从口小、盘浅、颈短、腹圆鼓向口渐大、盘渐深、颈渐细长、腹椭圆方向演变，系也由少到多，由半圆系和桥形系到桥形系普遍出现。盘口壶古时并不叫壶，而很可能叫瓶。1954年，洛阳西郊东汉墓地出土的一件陶器，器型与晋代盘口壶相仿，其身上写有"解注瓶"字样，名字叫瓶。

东汉晚期——盘口，短束颈，颈部饰一组弦纹。鼓弧腹，平底，肩部置半环形竖系。胎较粗，呈黑灰色。釉多剥落，腹部饰斜方格纹，保留有印纹硬陶的特征。

三国东吴——盘口浅而大，壶颈短粗，扁圆腹。最大径在上腹，因重心在上部，倾倒相当费力，给人以不稳定的感觉。和东汉盘口壶相比，盘口较浅，颈缩短，腹部由扁矮向椭圆深腹发展。肩部的系耳有双系、四系、六系之分，有单、双复系之不同，有竖向、横向之别。釉色主要为酱褐和青褐釉，少量青釉盘口壶。如丰城市博物馆馆藏青褐釉盘口壶（图107），器型敦实方正，釉层较薄，腹部饰麻布纹。江西省文物考古所发掘出土青釉六系盘口壶（图108），高20厘米、口径11厘米、底径10.8厘米。内壁见成型时留下的旋

削痕，胎色灰白，外壁满施青釉，一改以前的青褐色，釉色清亮醒目。

西晋时期——盘口加大、近底折棱，高束颈，较之三国同类器颈增高，最大腹径在肩腹部，弧鼓腹，平底。各部位比例协调，线条柔和，造型优美，重心向下，放置平稳。肩部系耳分双系、四系，系呈横向半环形。灰或灰白胎，有的口沿施褐色点彩。江西省博物馆藏西晋青釉双系盘口壶（图109），高6厘米、口径4厘米、底径5厘米。小巧端庄的造型，晶莹剔透的釉面，满身的细开片纹，展现出工匠的创新能力。

东晋时期——器身较西晋瘦长。分两系、四系，系为半环系，横向置。白或灰白胎，口沿及外腹壁施青釉，有的腹部装饰模印贴花，有的口沿饰褐色点彩，点彩细长。南昌市博物馆藏东晋青釉贴花四系盘口壶（图110），高17.3厘米、口径9.7厘米、底径9.5厘米。盘口处见六个褐色点彩，肩部设四个对称的横向条形系，系与系之间贴塑两大两小圆形莲蓬，造型独特新颖，实

用性与艺术性有机结合。

南朝时期——盘口变大，盘口壁较直，颈更长，腹更深。最大腹径在肩腹部，平底，给人以瘦长的感觉。系耳繁复，有双系、四系、六系和八系，系呈桥形或半环形，流行桥形系。青绿或黄褐釉。私人藏南朝青釉双系盘口壶（图111），高26厘米、口径11厘米、底径12.8厘米。造型修长典雅，器物转角、起棱明显，黏合处毫无缝隙，浑然天成。南昌县博物馆藏南朝青釉八系盘口壶（图112），高30厘米、口径12厘米、底径4厘米。规整的造型，略显高挑的造型，呈现出别致的风韵。淡淡的青釉上另挂有参差不齐的深色青釉，恰似一幅泼墨的山水画。

隋代时期——盘口口径变大，盘口变深，口沿外撇，颈较长而直，通体瘦长。盘口直径与腹部直径相当，显得协调一致。椭圆腹，系耳由南朝桥形系为主转向条状系占据重要地位，四系壶的颈细而短，六系壶的颈较粗。圆饼

足或平底。突出的特征是多数器物颈部附加一道或者两道凸弦纹，腹部装饰一周覆式莲瓣纹或者一周仰式、覆式相对的莲瓣纹。江西省博物馆藏隋代青釉长颈四系盘口壶（图113），高35厘米、口径9.5厘米、底径8.8厘米。盘口唇沿平折，长颈，上腹部鼓，下腹渐内收，肩部置四个对称双泥条系。外壁可见清晰的轮旋痕。吉水博物馆藏盘口壶（图114），盘口外侈，短束颈，鼓腹，饼足。肩部置四个横向半环状系。灰色胎，青褐色釉，釉面开细冰裂纹，有流釉现象。施釉内满、外不及底。高14.7厘米、口径9.2厘米、底径9.5厘米。2号墓伴出反书"开皇廿年"纪年砖。

初唐时期——盘口较隋代略浅，盘口底缘有折棱。颈部更长，斜溜肩，弧鼓腹，最大径在腹上部，圆饼足。分双系、四系、五系、六系，深灰、灰或灰泛红胎，施青褐、青灰釉。江西省博物馆藏唐代青釉四系盘口壶（图115），高38厘米、口径15厘米、底径12厘米。盘口，粗长圆筒状颈，肩部置

图107.三国褐釉六系盘口壶

图108.三国青釉六系盘口壶

图109.西晋青釉双系盘口壶

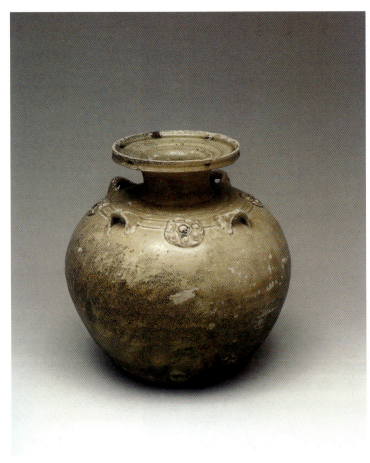

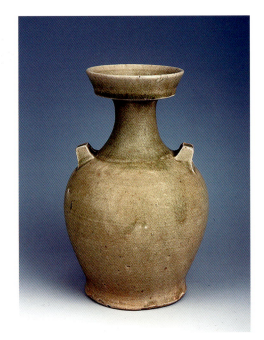

图111.南朝青釉双系盘口壶

图110.东晋青釉贴花盘口壶

图112.南朝青釉八系盘口壶

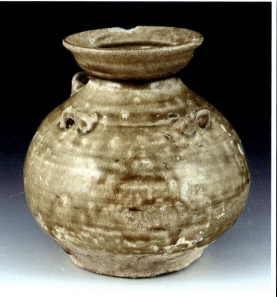
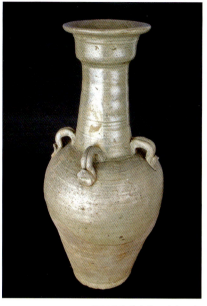

图113.隋代青釉四系盘口壶　　　　　　　　　　图114.隋代青褐釉四系盘口壶（M2：1）　　　　　　　图115.唐代青釉四系盘口壶

五个竖向半环状系。长颈和系耳的特征保留了隋代的遗风。

晚唐五代——口沿微内收，有折棱，粗短颈、短束颈和长颈均有。扁圆鼓腹，最大腹径在中部或中下部。圆饼足。双系、四系或六系，系横向，系下饰一组弦纹。深灰胎或灰胎，内外壁施青褐、青黄釉不及底，釉面开冰裂纹。

2.鸡首壶：又称"鸡头壶""天鸡壶"。是指以雕塑鸡头为装饰成壶嘴的瓷壶，壶形与盘口壶相似。有学者认为可能从盘口壶演变而来，在盘口壶的基础上，肩部两侧加有鸡头和把手。《述异记》记载："东南有桃都山，山上有大树曰桃都，枝相去三千里，上有天鸡。日初出，照此木，天鸡则鸣，天下之鸡皆随之鸣。"这是鸡首壶称为"天鸡壶"的原因。鸡首壶出现于三国末年，流行于两晋至隋代。西晋，鸡首和鸡尾较短，鸡首作流，但无孔，鼓腹，平底，腹径大于通高，无把手。隋以后逐渐消失，取而代之的是执壶。鸡首

壶是魏晋南北朝时期非常具有代表性的一种酒具，1972年，南京化纤厂晋墓中出土一件青瓷鸡首壶，其底部铭刻"罂主姓黄名齐之"字样，说明鸡首壶在东晋时称作"罂"。晋代竹林七贤之一的刘伶《酒德颂》有句云"先生于是方捧罂承槽"，双手捧罂在酒床的流槽下接酒，明明白白说罂是盛酒器。其形制演变具有较强的时代性，往往作为无纪年墓断代的依据。此外派生出羊首、鹰首或虎首壶。

三国东吴——喇叭状口，尖唇，弧鼓腹，渐下收至底，平底，一侧塑象征性鸡首，无孔与器内不相通，不能注水，且鸡首在整个壶中的比例是非常的小，开六朝时鸡首壶的先河，对应处饰泥条状弓形扳手作鸡尾，两侧饰对称泥条状半环形系。肩腹部拍印细方格纹，灰黑胎，口沿及肩腹部饰酱褐釉。

西晋时期——浅盘口或短直口，壶身、壶颈较扁、矮，双系，腹扁

圆。腹径大于通高，平底，无把手。肩部一面贴鸡头，多无颈，尖嘴无孔，另一面贴鸡尾，鸡尾甚小。头尾前后对称。鸡头、鸡尾皆实心，完全是一种装饰。有的在口、肩饰褐色点彩。江西省博物馆藏西晋青釉鸡首壶（图116），高21厘米、口径9厘米、底径13厘米。盘口，长颈，丰肩，圆鼓腹，平底。肩部一侧塑鸡首，对应处设龙首形把柄，既实用又美观。

东晋时期——盘口，筒形短颈，圆肩，鼓腹，平底，对应的口沿、肩部装圆股状把手，上端粘住盘口，下端接在肩腹交接处。左右两肩各塑一桥形系。较西晋同类器，壶体略高，鸡首有了颈部，上有冠，下有颈，啄有孔，鸡头口部由尖嘴改圆口，并与壶身相通，鸡首有出水口，已经开始具备实用功能，能够进行储存及倾倒，直到隋唐作为壶嘴的鸡首高度从未超过盘口的位置，与粗壮的龙柄对比，更显其小。鸡尾消失，取而代之的是略高于壶口的曲

柄，变装饰为实用，系改为桥形。东晋中、晚期在把手的上端饰龙首和熊纹。浅灰胎，施青绿色釉，不及底，有垂釉现象，开细冰裂纹，注重实用性与装饰性结合。

南朝时期——与东晋同类器相似，壶体修长，壶颈更细，壶身增高。鸡首的冠部较大，颈部细长，盘口增高，鸡首又高于东晋，把手作牛尾状，与盘口相接，高于盘口，比东晋又稍高，肩设对称桥形系，平底，器型优美。1993年，洪州窑考古出土南朝青釉鸡首壶（图117），高26.8厘米、口径11厘米、底径14.8厘米。器型规整修长，较两晋时简化。雄鸡作为阳性的象征，古人把它视作能禳灾、除百病的神灵之物而加以信奉。

隋代时期——较南朝时瘦长，盘口变高，颈部变粗短，多数颈部中间装饰一道或者两道凸弦纹，圆鼓腹，平底，足沿外撇。鸡头更趋写实，捏塑生动，鸡首一般为昂首曲颈打鸣状，恰似一只雄鸡在鸣唱；圆股状或龙形把柄呈现退化趋势，有的仅贴塑一圆角状尾巴。肩腹部刻划莲瓣纹，有的颈部刻划纹样。隋代以后，鸡首壶几乎匿迹。

鸡首壶由两晋到隋末唐初沿用的时间较长，总的演变趋势为鸡头由矮到高，壶体由小到大，颈由短到长，盘口渐高，腹部由浑圆变椭圆修长，把手渐加长，系的形式由条状变成桥形系，至隋代又变为双条泥环状系。壶的实用性更强了。

3.唾壶：亦称唾盂，大多用于承接唾弃食物、吐痰等，也有的学者以为可以他用，目的都是提高生活质量。是壶的一种样式，多数为大敞口、鼓腹、平底的造型，显示出它特有的功能，口阔便于承接吐弃物，鼓腹装弃物多而不易溅出，厚平底稳重不会轻易倒覆。因安徽阜阳双古堆西汉汝阴侯墓所出的自铭"汝阴侯唾器"，故又名唾器。是卫生用具中流行时间较长的一个品种。早期造型较晚期优美，大口、圆球腹、高圈足，形似尊。后逐步演变为盘口、扁圆腹、平底或假圈足。西晋腹径大于通高，南朝后通高大于腹径。西晋为侈口、东晋为直口、南朝至隋唐为盘口，西晋时短颈、南朝以后颈腹长而细。宋代造型变为由上、下两截组成，上部为盘形，下为扁圆腹，浅圈足。北方宋墓壁画有仆人手捧唾壶的形象。三国

图116.西晋青釉鸡首壶

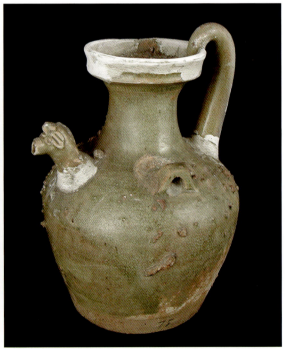

图117.南朝青釉鸡首壶

西晋时，肩腹部多饰网格带纹、联珠纹、铺首等，东晋南朝时，有的在器口点饰褐彩，器身多无纹饰，唐末至宋代，或在器身刻莲瓣纹。

三国东吴——口大，盘口部较深，鼓腹，腹部下垂，圆饼足，似尊。较长的颈部使矮胖的器体略显修长，造型优美。

西晋时期——圆唇，浅而宽大的盘口便于实用，盘口直径小于腹部直径，侈口，扁鼓腹，圆饼足，腹径大于器高（图118）。

东晋时期——盘口，束颈，溜肩，腹扁圆。口、颈均高，颈细长，假圈足。灰白胎，口沿及外壁至底足施青泛黄釉，开细冰裂纹。江西省文物考古研究所发掘东晋墓出土青釉盘口壶（图119），高17厘米、口径7厘米、底径9厘米。盘口直径大于腹部直径，显现出东晋时期独特的艺术风格和特点。

南朝时期——盘口，长束颈，扁腹，圆饼足。造型简化，容量由大变小。腹部更扁，通高大于腹径。施青黄釉或豆青釉、釉汁莹亮。南朝时有的配以盖和托盘。江西省文物考古研究所发掘南朝青釉唾壶（图120），高13厘米、口径9.3厘米、腹径18厘米、底径9.8厘米。盘口折棱，扁鼓腹，圆饼状足，器显得修长，造型端庄规整，古朴典雅，釉色莹亮雅致。柔润的青色釉和圆圆的器腹，似有抚青玉之感。

隋代时期——盘口，束颈，颈较前期短粗。溜肩，扁鼓腹，最大腹径在腹中部。圆饼足，足径大于口径，器型稳重，有的配器盖。深灰胎。青灰或青黄釉，开细纹片。隋代青釉带

盖唾壶（图121），高11.7厘米、口径8.4厘米、底径11厘米。盘状盖与壶体结合紧密。盖中间塑一桃形纽，雅致小巧。表明当时人们对清洁卫生十分讲究，所制盛污器既实用又美观，系洪州窑高档产品。

初唐时期——盘口，矮束颈，扁鼓腹，圆饼足，最大径在腹中部。

4.执壶：使用盘口壶或鸡首壶，需要很大的倾倒角度，液体容易从壶口溢出，用起来比较费劲。从唐代后期起，鸡头壶已不见生产，代之而起的是更加符合人体力学设计的执壶，又称注壶、注子，是常用的酒具或茶具。唐前期器呈盘口、短颈、鼓腹、圆筒形短流、曲柄，壶体较矮，鼓腹，假圈足。唐中晚期大量流行，基本取代了鸡首壶、凤首壶等。这时期执壶式样繁多，有短流、长流、曲柄、直柄等数种。晚唐和五代执壶的造型有盘口、侈口和喇叭口之分。

盘口执壶：盘口，颈较细长，肩部塑圆管状短流，对称的另一侧扁平把柄。把柄划线纹，两侧饰对称半环状扁平竖系，瓜棱腹，圆饼足内凹或平底。灰色胎，釉剥落。这类执壶从形体结构上与前期的鸡首壶类似，但是不用鸡头做流（图122）。

侈口注壶：口微侈，肩塑圆管状短流，对肩塑扁平把手，两侧饰对称竖系。腹部椭圆形或瓜棱形，圆饼足内凹。颈外侧有一周凸棱，肩部饰弦纹，灰紫色或灰色胎，口沿和外腹壁不到底施酱褐釉或青黄釉。1992年，窑仔岗洪州窑遗址出土唐代酱褐釉执壶（图123-1），高20厘米、口径7厘米、底径8厘米。瓜棱腹，短流，极具晚唐特征。

喇叭口注壶：喇叭口状，微束颈，椭圆状、圆鼓状或瓜棱形腹，平底。灰或灰泛紫色胎，口沿及外腹施酱褐或酱釉，釉不及底（图123-2）。这种类型的执壶为北宋执壶的母型。

5. 三足壶：又称盉，中唐时造型为圆唇，直口，短颈，溜肩。肩一侧置圆管状流，流高于口沿，对应处置把手，流下饰一组弦纹。圆鼓腹，平底下附三个兽爪或兽蹄足（图124）。

（二）罐类器

罐是日常生活最为常见的器型，也是古代青瓷中常见物。早在2万年前，古代先民就用陶土制成圜底罐类器。瓷罐最早见于商代中期的原始瓷器，从商代至今，罐一直是瓷业生产的大宗产品。洪州窑的罐类器产品分为单唇普通型罐和双唇罐两大类。

1.单唇普通型罐，共同的特点是敛口或直口、短颈、鼓腹、平底或矮圈足或圆饼状足，腹径大于通高、高度慢慢增大。因肩部设置的系耳不同，分为无系、双系、四系、六系罐等，系耳的设置可分为竖向、横向以及横竖交叉式样，系耳的组合有单个、成组的布局，系耳的形制分为泥条状和桥形等。

东汉晚期——普通型罐的主要特点是横系、高领、台阶式的肩。有折沿、卷沿、平沿和无沿几种。折沿的肩置系，饰麻布纹、水波纹、弦纹。卷沿的肩部有横向半环状系。胎黑灰或红灰，青黄釉或青黑釉。平沿的直口，方唇，肩部有一周凸棱，弧腹，平底。江西省博物馆藏东汉青釉麻布

纹四系罐（图125），高26.5厘米、口径12.5厘米、底径14.9厘米。四个鸭蹼状横系贴塑在肩腹部，肩部有两道凸弦纹，系东汉末的风格。满身的细麻布纹是江南纺织业发达的见证，系下划两道细弦纹，使单调的纹饰富于变化。灰白胎，施青绿釉，有流釉现象。

三国东吴——保留着东汉时期横系、高领、台阶式肩的特征，肩部设四个银锭式横系，口径与底略等。胎质坚硬细腻，呈灰白色，少数烧成温度不高的胎较松，呈淡淡的土黄色，釉色以青灰为主，有青黄釉、酱褐釉、蟹壳青釉，施釉均匀且不及底，胎釉结合牢固，极少有流釉或釉层剥落的现象。流行饰麻布纹、带状方格纹、水波纹、锥刺纹、填线棱纹及铺首等装饰图案。罐型有直口罐、六系罐、四系罐、八系罐等。江西省博物馆藏三国吴青釉四系罐，高18.8厘米、口径10.2厘米、底径13.3厘米。直颈，口沿外侧有一道凸棱，肩部、腹部施弦纹将器体分开。肩部及腹部分别塑横、竖对称的鸭蹼状泥条系，横向系和竖向系交错对称分布，不仅确保器物的提携而不损，而且使人感觉有立体空间的变化。系的做法原始而实用。

西晋时期——器型较前朝增高，下腹变宽，器底增大。类型多样，有直口罐、大口罐、双系罐、四系罐、四系盖罐、六系罐、六系盖罐、乳钉罐、筒形罐（图126）等。以扁平泥条系为主。

直口罐：圆唇，短颈，扁鼓腹，平底。青黄色釉面开满细小冰裂纹，给人一种自然感。

大口罐：江西省博物馆藏（图127），高21厘米、口径17.2厘米、底径15.1厘米。敛口，丰肩，鼓腹，平底。器体硕大，采用拉坯轮制而成，外腹壁有较明显的轮旋痕，制作规整，肩部塑一道凸弦纹，以吸引人的注意力。

双系罐：圆唇，直口，扁鼓腹，平底内凹或圆饼足，肩部置一对对称竖向扁平系，两组弦纹间饰斜方格、编织带状纹。灰胎，青釉。江西省博物馆藏双系罐（图128），高9厘米、口径5厘米、底径6厘米。出自西晋永安元年（302）纪年墓。颈外壁与肩部系下的凹弦纹，让本就晶莹剔透的罐体更惹人喜爱。

四系罐：直口，短颈，鼓腹，肩部横立四个半环形系，平底，口径与底径略等，有的肩部压印网状带纹。

图118.西晋青釉唾壶

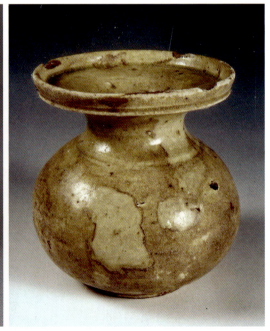

图119.东晋青釉盘口壶

图120.南朝青釉唾壶

图121.隋代青釉带盖唾壶

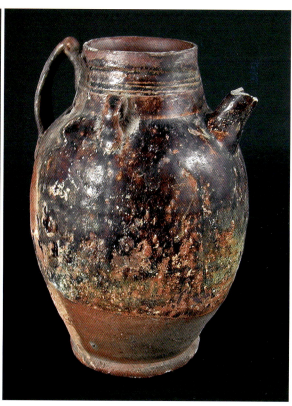

图122.晚唐酱褐釉执壶

图123-1.晚唐五代酱褐釉执壶

图123-2.窑仔岗洪州窑遗址出土褐釉执壶

图124.唐代青褐釉三足壶

图125.东汉青釉麻布纹四系罐

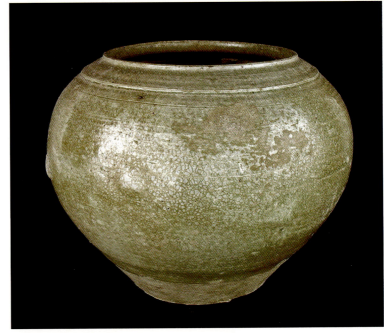

图127.西晋青釉大口罐

图126.西晋青釉四系筒形罐

图128.西晋青釉双系罐

四系盖罐：短圆唇，直口，溜肩，肩置四个横向半环形系，平底。腹径大于通高，器型扁矮。口沿置盖，盖顶平，中间饰半环形纽，盖沿平伸或斜伸，沿下有子口。有的盖面饰褐色彩点。江西省博物馆藏四系盖罐（图129），通高15厘米、口径8厘米、底径9厘米。肩腹交界处塑四个横向半环状系，系下饰两道凹弦纹，口部置盖，盖似一顶时髦的帽子，惹人喜爱。古人追求釉色雅致、渲染大自然的美感的效果得到了生动的体现。

六系罐：圆唇，侈口，短颈，圆肩，肩置六个半环形系，两个对称横向，四个对称竖向，系下饰两道凹弦纹，平底，最大腹径在腹部偏上。灰白胎或灰胎，内外半施青泛黄釉，釉剥落。江西省文物考古研究所发掘六系点彩盖罐（图130），器盖，高2.8厘米；罐，口径14厘米、高15厘米、底径11.5厘米。盖，弓形纽，盖面拱起，顶面平，盖沿斜出，盖面施4块椭圆形的褐斑。罐的肩腹交界处塑六个对称的泥条状系。点彩是瓷器的装饰技法之一，最早出现在三国时期，流行于两晋、南北朝，多见在器物的口、肩、器盖及器物的表面醒目处，形成独特的艺术效果。

乳钉罐：肩部装饰的四颗乳钉颇为讲究，乳钉四方对称排列，象征四方极地，圆圆形罐口视作天空，应对着天圆地方之说。丰城市博物馆藏西晋青釉乳钉罐，高6厘米、口径8厘米、底径6厘米（图131）。釉层肥厚，晶莹剔透，黄中泛绿，冰裂纹布满器身。

东晋时期——整体特征是形体修长、广口、腹部浑圆、平底。有的配盖，盖与器密合。分为无系罐、折腹盖罐、四系罐、四系盖罐和六系罐。

无系罐：折沿，筒腹，平底，口沿有褐色点彩。

折腹盖罐：圆唇，直口，直腹壁，近底折腹，配盖。

四系罐：圆唇，矮直颈，腹上部弧鼓，至腹中部微削，最大腹径在肩腹处。平底，肩置四横向半环形系或桥形系，口沿处有一周凹弦纹，系下饰两周凹弦纹。外施青釉不及底，开冰裂纹。江西省文物考古研究所发掘东晋墓葬出土青釉四系罐，高23厘米、口径10厘米、底径14厘米（图132）。器物的制作精细，转角分明，线条圆润流畅，显示出洪州器的艺术品位。

四系盖罐：圆唇，直口，溜肩，腹弧鼓修长，平底。配平顶盖。中间

图129.西晋青釉四系盖罐

图130.西晋青釉六系点彩盖罐

图131.西晋青釉乳钉罐

图132.东晋青釉四系罐

有一半环形小纽，盖沿有子口。盖顶饰褐色点彩。

六系罐：圆唇，短直口，微束颈，溜肩，腹部浑圆，最大腹径偏上。肩塑六个半环形或桥形系，四个对称双竖向，两个对称单横向。肩下饰凹弦纹两道，平底。内无釉，外施黄绿釉或青釉不及底，开细冰裂纹，有的口沿饰规则褐彩。江西省博物馆藏青釉六系罐，高19.2厘米、口径16厘米、底径13.6厘米（图133）。斜溜肩置两个对称横系，两个对称复式竖向条形系，系下施两道凹弦纹，青绿色釉，釉底线有不规则的积釉痕，腹部有条状的流釉痕，犹如绿波在湖水中飘动。

南朝时期——器型不断加高，上腹收小，下腹和底部相应扩大，重心向下，放置平稳，更趋实用。有无系、四系、六系之分，流行桥形系，还有四系盖罐。

无系罐：圆唇，侈口，束颈，斜溜肩，弧鼓腹，平底。

四系罐：圆唇，圆溜肩，弧鼓腹。肩置四个对称横向半环形系或桥形系，系下饰一道凹弦纹，圆饼足或平底。有的口沿褐色点彩。青釉四系纹盖罐（图134），通高14.7厘米、口径8.6厘米、底径17.6厘米。罐与盖相配套，盖面的桥形纽、弦纹与罐肩的桥形纽、弦纹相互对应，互成一体，珠联璧合。造型端巧，系耳平整，棱角分明，罐体的青绿釉窑变很有层次，上部灰白泛青，下部青中泛绿，这种窑变现象是工匠无意间让其在窑炉中形成，流淌下来的画面自然生动。

六系罐：圆唇，直口，短颈，圆溜肩，往下渐内收。平底，通高大于腹径。肩置两个对称横系，四个对称竖系。系有桥形和半环形两种。江西省博物馆藏青釉点彩六系罐（图135），高19厘米、口径18厘米、底径

17厘米。口沿分布细密的褐色点彩，十分醒目，时代特征和风格明朗，是南朝洪州窑的代表性作品。南昌县博物馆藏青釉莲瓣纹六系罐（图136），高19.8厘米、口径10厘米、底径12厘米。圆鼓腹罐体的肩部贴塑六个切削整齐的桥形系，使器物造型的柔和与硬挺完美结合。器体下腹部刻划双层仰莲纹，朵朵莲花含苞欲放，由浅入深的刻纹，绚丽多彩，给人一种"接天莲叶无穷碧，映日荷花别样红"的美妙意境。青绿色釉和莲瓣纹装饰代表南朝文化的审美价值观。

隋代时期——以四系罐和六系罐为主，也有少量无系罐和瓜棱罐。隋唐时期的罐类器系耳为泥条半环状系。

无系罐，侈口，束颈，扁鼓腹，小平底。吉水县博物馆藏房后山隋代11号墓青釉无系罐（图137），深灰色胎，施青釉，局部釉层脱落，有流釉现象。

施釉内满、外不及底。高6.5厘米、口径7.0厘米、底3.7厘米。11号墓伴出反书"开皇廿年"（599）纪年砖。

四系罐：一种为圆唇，直口，短颈，丰肩，肩部贴四个对称的半环形系。腹部下收，平底微外撇。另一种为圆唇，溜肩，肩置四个对称横向半环状系。腹部上鼓，下渐内收，圆饼状足。吉水县博物馆藏房后山2号墓出土青釉四系罐（图138），敛口、圆唇、短颈、溜肩、圆鼓腹、饼足。深灰色胎，青黄色釉，釉面开细冰裂纹。施釉内满、外不及底。高9.8厘米、口径7.5厘米、底径7.0厘米。2号墓伴出反书"开皇廿年"纪年砖。

六系罐：圆唇，侈口，短颈，圆溜肩。肩贴六个半环形系（两个对称横系，四个对称竖系），腹部渐内收，平底。

瓜棱罐：直口、方唇、短直颈，窄溜肩，上腹较直、下腹弧收，上腹部压印四道浅凹槽呈瓜棱状，饼足内凹。吉水县博物馆藏房后山1号墓出土1件隋代青釉四系瓜棱罐（图139），肩部横饰四个半环状系，系下部各贴塑一个小圆饼，这类圆饼装饰与西晋时期的乳钉罐之乳钉相似。深灰色胎，青黄色釉，脱釉严重。内外皆施半釉。高23.4厘米、口径20.2厘米、底10.8厘米。

初唐时期——有5种不同式样。第一种为圆唇，直口、直颈，颈中部有一凸棱，鼓腹，圆饼足。第二种为敛口，斜直颈，颈有凸棱，瓜棱腹，圈足，足沿有凸棱。第三种为尖圆唇外卷，圆溜肩，鼓腹，最大径在腹上部，腹近底处有一周旋削痕，圈足，肩腹印宝相花，肩双环系。第四种为圆唇，直口，短颈，肩贴四个横向半环系，腹近底有一周旋削痕，圆饼足。第五种，高领，微束颈，圆鼓腹，肩部置四个对称的双泥条状系。

如唐代青釉大罐，高52厘米、口径19.8厘米、底径14.5厘米（图140）。上腹部塑二道凸棱，起着加固和美化器物的双重作用。

中唐时期——以四系罐、直口罐、敛口罐、瓜棱罐为主。

四系罐：圆唇，侈口，短直颈，圆溜肩，圆鼓腹，圆饼足。肩部置四个对称单横向桥形系。深灰胎，内外施青褐釉，不及底，有积釉痕，釉面开细冰裂纹。

直口罐：圆唇，直口，直颈，圆鼓腹，圆饼足。颈中部有一道凸弦纹。

敛口罐：敛口，唇沿凸起，溜肩，肩部残存双竖向半环状系。

瓜棱罐：瓜棱状，饱满圆润。1992年寺前山洪州窑遗址出土1件青釉瓜棱罐（图141），高16厘米、口径9厘米、底径12厘米。极富唐代风韵，肩部及圈足的突棱装饰，极富艺术的

图133.东晋青釉六系罐

图134.南朝青釉四系盖罐

图135.南朝青釉点彩六系罐

图136.南朝青釉莲瓣纹六系罐

图137.隋代青釉无系罐（M11：7）

图138.隋代青釉四系罐（M2：19）

图139.隋代青釉四系瓜棱罐（M1：4）

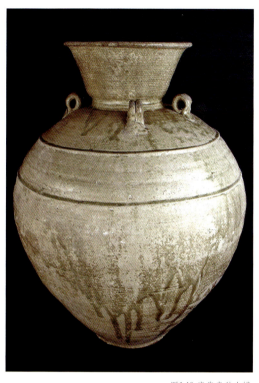

图140.唐代青釉大罐

图141.唐代青釉瓜棱罐

想象力。

晚唐五代——有侈口罐、敛口罐、直筒罐之分。胎均粗糙，呈深灰、灰色，内外施青黑、酱褐色薄釉不及底。

侈口罐：圆唇，侈口，束颈，鼓腹，平底内凹。

敛口罐：卷圆唇，微敛，直颈，折肩，鼓腹，颈肩处饰竖向系，肩部饰一组弦纹。

直筒罐：平唇内折，直筒腹，腹饰两组弦纹，肩部残存一横向半环状系。

2、双唇罐：口内外双层唇口，故名。与现代泡菜坛相似。

东汉晚期——内唇直口，略高于外唇。外唇外侧饰四周凸弦纹，肩设置单或者双半环形竖系。圆鼓腹，平底。胎质较粗，呈黑灰色，施黑褐色釉。

三国东吴——内唇直，明显高于外唇。外唇外撇角度大，直径与腹径几乎相等。束颈，溜肩，上腹较扁鼓，下渐内收，平底。颈部有旋削痕。形体短矮，腹部印方格纹。施黄褐釉，不及底。

西晋时期——外唇外撇角度变小，内唇高于外唇。微束颈，肩置两个横四个竖半环形系，鼓腹，向下渐内收，平底，形体较修长。江西省博物馆藏青釉双唇罐，肩腹交界处置对称半环状系。肩部装饰一组水波纹，深灰胎，酱褐色釉，釉层有剥落（图142）。

东晋时期——内唇高于外唇，方唇，束长颈，溜肩。肩上设四个对称的半环形系，弧鼓腹，下渐收，平底。灰胎，内外施青泛灰釉，不及底。

南朝时期——双唇有内高外低、内低外高两种。肩腹部弧鼓，最大腹径偏上。肩置四个半环形横或竖系，平底。南坪洪州窑遗址出土青釉双唇罐，肩部设置对称四个半环状系（图143）。

初唐时期——圆唇，微束颈，内唇低于外唇，斜溜肩，无系。扁鼓腹，最大腹径在腹中部偏下。圆饼足内凹。有的腹部划波浪纹。深灰胎，内外施青黄釉，不及底。

中唐时期——有2种。一种为外唇高于内唇，斜溜肩，肩置六个半环形系（两个对称双竖系，两个单横系）。鼓腹，圆饼足内凹，外腹壁与底交接处有一周旋削平台痕。低矮浑圆。另一种为内唇高于外唇，外唇外侧饰一组凸弦纹，斜溜肩，肩附两个对称双竖半环形系。平底，肩腹饰方格纹，深灰胎，施青黑釉。

（三）瓶

有大、小瓶以及玉壶春瓶之分。

南朝时期——喇叭口，细长颈，腹部浑圆，圈足外撇，细巧雅致。南朝青釉瓶（图144），高30厘米、口径14厘米、底径11厘米。细束颈，圆鼓腹，外壁满施青黄色釉，足墙处有一周积釉痕。胎坚硬细腻，青釉亮丽，釉面开细冰裂纹。

隋代时期——喇叭状口，细长颈，腹径阔大，略呈椭圆形。吉水县房后山隋代11号纪年墓出土青釉瓶（图145），束颈、扁鼓腹、饼足。深灰色胎，施青褐色釉内满、外不及底，开细冰裂纹，釉层剥落。口径6.0厘米、底5.6厘米、高9.7厘米。11号墓伴出反书"开皇廿年"纪年砖。南昌县博物馆收藏1件青釉瓶（图146），口沿外撇，圆鼓腹，器物饱满圆润，

与青瓷钵成套出土，瓶高15厘米、钵口径17厘米。有学者认为是温酒瓶，古人饮酒喜用热水加温，温酒瓶流行于宋代，该器应为年代最早的温酒器。也有学者认为是玉壶春，以前认为玉壶春瓶是由唐代寺院里的净水瓶演变而来，基本形制为撇口、细颈、圆腹、圈足，玉壶春瓶定型于北宋时期，是一种装酒的实用器具，后来逐渐演变为观赏性的陈设瓷。果如此，该器是最早的玉壶春瓶。

初唐时期——喇叭状口，细短颈，弧鼓腹，圆饼足。

中唐时期——浅盘状口，细短颈，鼓腹，圆饼足稍内凹，外侧壁与底足交接处有一周旋削痕。肩部施一组细弦纹。

晚唐五代——侈口，唇沿外卷，溜肩，弧腹，平底，肩置四个对称竖状系。

（四）饮食用具

洪州窑青瓷中，烧造数量最大的就是日常必需的饮食器皿，主要有碗、盘、盏、碟、盏托、杯、盅、高足杯、盆、钵、擂钵、擂棒、盖钵、镂、高足盘托转杯、镦斗、器盖等，式样各异，大小配套。

1.碗：形状口大底小，最早可追溯到新石器时代泥质陶碗。最早的瓷碗是原始的青瓷制品，流行于商周至春秋战国时期，洪州窑生产碗类器物，至少在汉代已经开始。在南昌郊区出土的1件汉代青釉水波纹碗（图147），深黑色胎，内外施酱褐色釉，其胎釉特征与港塘洪州窑遗址的标本类似，有可能表明洪州窑生产的历史更早。

东汉晚期——圆唇，敞口，弧腹，假圈足，口沿下一周宽凹弦纹。

图142.西晋青釉双唇罐

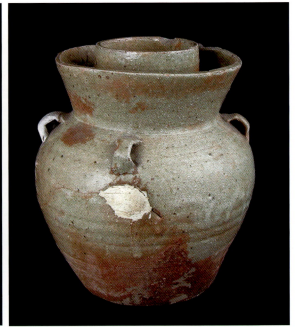

图143.南朝青釉双唇罐

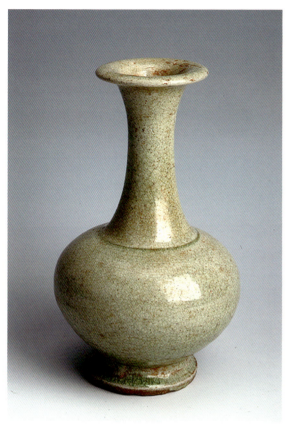

图144.南朝青釉瓶

图145.隋代青釉瓶（M11：13）

图146.隋代青釉瓶

图147.汉代青釉水波纹碗

灰白胎，内外壁施青釉。

三国东吴——口大，弧腹较浅，腹壁较直，形体肥矮。有的外壁装饰水波纹，在淡淡的青褐釉下，犹如清澈的小溪淙淙流淌。

西晋时期——尖圆唇，敛口，上腹壁近直，下腹向内斜收，多平底或平底内凹。口沿外饰一道凹弦纹。内外壁满施青灰色釉，釉面开冰裂纹，釉层不匀，见淌釉痕。造型底大深腹，容量大，放置平稳。有的口沿施一周褐色点彩。

东晋时期——腹加深，底放大，浅圆饼足。有尖圆唇、敛口、曲壁和厚唇微敛、腹壁较直两种造型。灰胎，内壁满外壁不及底施青釉。有的口沿饰细密褐色点彩。

南朝时期——器壁上部变薄，腹部饱满，器底增厚，多假圈足，器型优美。有的外壁刻划一周莲瓣，好像一朵盛开的荷花。有直口、侈口、敛口和敞口数种式样。江西省博物馆藏青釉莲瓣纹碗（图148），高8.8厘米、口径14.6厘米、足径6.9厘米。外腹饰双层莲瓣纹，包裹器腹，犹如在一泓碧池中朵朵青莲含苞欲放。窑工用熟练而洒脱的笔触划莲瓣，图案设计独特，莲花纹饰优美，莲瓣叶较尖，瓣纹雍容饱满，充分体现出水芙蓉的优美风姿。

隋代时期——多数碗呈圆唇，口沿外饰一组弦纹，圆饼足。有直口、敛口、侈口三种式样。釉下施一层灰白色化妆土，腹内多戳印弦纹、菊花、松枝、柏叶、蔷薇或宝相花纹多达18种不同的纹样。

直口碗：腹壁下收至底，圆饼足，内壁满外壁半施青泛黄釉，深灰

或者灰胎。吉水县房后山隋代2号纪年墓出土一件，直口、方唇、弧腹、饼足。内底刻划一交叉纹，足底外侧旋挖一周平台。深灰色胎，青黄色釉，有流釉现象。内外壁皆施半釉。高6.1厘米、口径16.5厘米、底径6.6厘米（图149）。2号纪年墓伴出反书"开皇廿年"纪年砖。

敛口碗：最大径在口部，下腹渐内收，圆饼足内凹，足较南朝时小。灰或灰白胎，内壁满外壁半或内外壁半施青泛黄釉，开细纹片。有的口沿外饰弦纹，外腹壁刻划莲瓣纹，分单、双层仰莲瓣纹。象山洪州窑遗址出土青釉莲瓣纹碗（图150），通高8.4厘米、口径13.2厘米、底径5.4厘米。外腹壁饰一周简笔莲瓣纹。内套烧盏，表明这类器物采用大小依次叠装在匣钵内套烧而成。

侈口碗：曲壁，深腹，圆饼足。灰白胎，内外半施青泛黄色釉，开细纹片。

初唐时期——碗是生产量最大的生活用器，造型丰富多样，有5种类型。第一种，敛口、曲壁、浅腹。第二种，侈口、圆唇、曲壁、深腹，较隋代同类器浅。第三种，直口、深腹、平底。第四种，敞口、圆唇、深腹、内底平。第五种，撇口、圆唇、深腹、微束腰，腹中部有一周凸棱。寺前山洪州窑遗址出土青褐釉凸棱碗（图151），高7厘米、口径14.8厘米、足径8厘米。工匠刻意在器体外腹中间旋出一道凸棱，既增加了器物的层次感，又起加固深腹大口的容器的作用。仿金银器的造型，与西安何家村窖藏出土的同类银碗相同。初唐时期碗类器多数为圆饼足，灰黄或深灰

胎，青褐、青黄或灰黄釉，胎釉间涂一层灰白色化妆土。

中唐时期——碗类器物的显著特点是外壁与底足交接处有一周旋削平台。灰胎，多数内外壁半施青黄或青褐釉。有五种不同造型。

敞口碗：圆唇或方唇，唇沿外撇，浅腹，圈足或圆饼足，施青褐色釉。

侈口碗：圆唇，曲壁，圆饼足内凹或圈足，较初唐时同类器腹浅。

敛口碗：圆唇，曲壁，圆饼足内凹，腹较初唐同类器浅。有的内侧装饰弦纹，有的外侧压印一周莲瓣纹。

直口碗：圆唇，上腹壁较直，下渐收至底，圆饼足，足内凹显著。

唇沿外撇碗：圆唇，深腹，束腰，腹中部有一周凸棱，圈足。

晚唐五代——有的内底戳印宝相花纹，应是隋代印花的遗风留韵，有的内底留存的垫块烧痕（图152），反映了晚唐五代洪州瓷的装烧特征。胎壁从厚重趋向轻薄，由圆饼足向宽圈足发展（图153）。有四种不同的造型。

唇口碗：厚圆唇，敞口，斜壁，腹微鼓至底足内收。多数呈圈足，少量为圆饼足内凹，有的内底和外底足沿分别留有5—6块衬块支烧痕。

凸唇碗：唇沿内折似子口，上腹壁鼓，下腹渐内收，腹较深，圈足。外侧壁与底足交接处有一周窄的旋削痕。

圆唇碗：敞口，腹壁斜直，深腹，圈足或圆饼足，内底留有衬块痕。灰胎，内外满施酱褐釉或黄褐釉，底足露胎。

侈口碗：圆唇，曲弧壁，圆饼足

内凹。较前期同类碗腹浅，有的内底留有衬块痕迹。

2.盘：用来盛食物或其他东西的腹部浅而小的食用器具，形制多样。

东汉晚期——敛口，圆唇，浅腹，平底。口沿内侧装饰弦纹两道。灰白胎，釉剥落。

西晋时期——尖圆唇，敛口，弧壁，小平底。腹浅，口部内侧饰两周弦纹。丰城市博物馆藏平底盘（图154），高3.3厘米、口径16厘米、底径9.5厘米。腹壁与内底相交处有一周凹弦纹，使器皿的分界线明显，增添了器物的美感。

东晋时期——有两种基本式样。

敛口盘：圆唇，弧腹，腹部较之西晋同类器略深，小平底。口沿内侧饰两道弦纹。灰色胎，内壁满外壁不及底施青釉。

侈口盘：圆唇，斜壁，近底折腹，大平底。盘面微拱，盘心有弦纹一周。多数器物内底外围留有一周锯齿痕。灰胎，施黄绿釉不及底足，釉面开细纹片，多剥落。

南朝时期——腹较浅，多数口沿内侧饰弦纹，盘心压印重圈纹若干，象征莲蓬子，外围弦纹，周饰莲瓣纹或八角图案。灰胎，内壁满釉外施釉不及底。有敞口、敛口、侈口等不同造型。南昌县博物馆藏莲瓣纹盘（图155），高3.4厘米、口径10.9厘米。盘内中心圈内饰三单体莲蓬纹，与外裹双层莲瓣组成一幅莲花盛开图。江西省博物馆藏青釉圆底盘（图156），高2.3厘米、口径14.2厘米、底径3厘米。尖圆唇，浅弧腹，圆底。口沿部有一道凹弦纹，内底留有4个支钉痕。釉色青黄，开细冰裂纹，釉层匀亮。出自齐永明十一年（493）墓中。江西省博物馆藏青釉圆底盘（图157），高2.3厘米、口径14.2厘米、底径2.6厘米。尖圆唇，弧腹壁，圆底，线条简约，内底留有3个支钉痕，表明洪州窑多样的装烧方法。

隋代时期——敞口或侈口，圆唇

图148.南朝青釉莲瓣纹碗

图149.隋代青瓷碗（（M2：2）

图150.隋代青釉莲瓣纹碗

图151.唐代青褐釉凸棱碗

图152.晚唐五代青釉碗

图153.晚唐五代圈足碗

图155.南朝青釉莲瓣纹盘

图154.西晋青釉平底盘

图156.南朝青釉盘

图157.南朝青釉盘

或方唇，浅腹，曲壁，多数器物为圆底，外底足稍内凹。采用3—5个支钉烧造。盘心施一组弦纹，内刻划莲瓣纹。青釉重圈纹圆底盘（图158），高3厘米、口径14厘米。内底留存有3个支钉痕。内底心一周弦纹内装饰3个重圈纹，保留有南朝的装饰遗风，但较其简化，是该类纹饰的衰落象征。隋代青釉莲瓣纹盘（图159），高3厘米、口径21.9厘米、底径12厘米。内底心留存具有南朝遗韵的一周莲蓬，但莲瓣的表现手法呈现出隋时新时代的特征，中间的叶脉凸显，增添了花瓣的活力。

初唐时期——灰、深灰或灰泛白色胎，多数器物内外壁半施青黄或者青褐釉。盘有三种不同造型。

敛口盘：尖圆唇，上腹鼓，下渐内收，小平底，有的内底饰两组同心圆纹。寺前山洪州窑遗址出土唐代

青褐釉盘（图160），高3厘米、口径16.9厘米、底径4厘米。施半截釉的特征，反映其时人们的审美观念和生活习俗。

直口盘：圆唇，上腹壁较直，下腹向内折收，小平底，浅腹，有的内底饰一组同心圆纹。除做饮食器外，常作为壶、罐的口盖。

侈口盘：圆唇，曲壁，小平底，盘内有两组弦纹，中间饰六瓣莲花纹。

中唐时期——均深灰胎，内外壁半施青褐釉。有两种造型。

直口盘：圆唇，上腹壁较直，下渐内收至底，小平底内凹。腹部较初唐同类器浅。

侈口盘：圆唇，曲壁，浅腹，圆饼足。

晚唐五代——圆唇，敛口，腹壁外撇，折腹，腹较深，圈足。灰或深

灰色胎，内满釉外壁半施青黄或青褐色釉。

3.盏：古代南方青瓷中普遍可见，一般造型为敞口或敛口，斜壁，小足，各期造型可见差异。

三国东吴——圆唇，侈口，曲壁，圆饼足。有的口沿外饰一道较宽的弦纹，深灰胎，质粗。内满釉外不及底足，青灰釉。

西晋时期——有两种类型。一种为尖圆唇，微敛口，曲弧腹下收，圆饼足。灰泛浅紫胎，胎质粗。内壁满外壁半施青釉，釉面光泽差。江西省博物馆藏西晋青釉盏（图161），高3.3厘米、口径10.4厘米、底径5.4厘米。内底边缘和口沿外侧各有一道凹弦纹。青黄色釉面开满冰裂纹。规整的造型，精致的做工，内底的旋坯痕清晰可见。淡淡的青黄色釉，面留有3个支钉及不经意的黑斑点，增添了人

图158.隋代青釉重圈纹圆底盘

图159.隋代青釉莲瓣纹盘

图160.唐代青褐釉盘　　　　　　　　　　　　　　　图161.西晋青釉盏

们的遐想。另一种为圆唇、直口、浅腹、浅圆饼足。粗灰胎，内外施青釉不及底，釉面光泽差。有的口沿饰褐彩，有的口沿外侧饰一周凹弦纹。

东晋时期——有三种类型。第一种，敛口、圆唇、圆饼足。有的口沿外侧饰弦纹。灰胎，内壁满外壁不及底施青或青泛黄色釉。第二种，直口、圆唇、深弧腹、圆饼足。有的口沿施褐色点彩。江西省文物考古研究所发掘点彩盏（图162），高6厘米、口径16厘米、足径11厘米。青色釉泛绿，口沿装饰一周密集的褐色点彩，褐绿分明，改变了釉的单色效果，起到突出醒目的效果。第三种，圆唇、斜直壁、平底。

南朝时期——有敛口和直口两种造型。

敛口盏：圆唇、曲腹、圆饼足，有的内底存三个支钉痕。外腹壁刻划菊瓣纹、莲瓣纹等。灰或深灰色胎，内壁满外不及底足施青或青泛黄色釉。象山洪州窑遗址出土青釉盏（图163），高3.9厘米、口径6.6厘米、足径2.6厘米。莹润的青釉，规整的造型，棱角分明的器身，略泛灰色。

直口盏：圆唇、上腹壁直、下腹内收、圆饼足。深灰胎，内外半施釉或内满釉外釉不及底，釉色青黄或青泛黄。寺前山洪州窑遗址出土南朝青釉盏（图164），高4.6厘米、口径9厘米、足径4.4厘米。

隋代时期——有敛口和直口两种型制。

敛口盏：圆唇、曲腹、较南朝同类器浅。圆饼足。深灰胎，施青泛黄釉，内壁满外壁不及底足。

直口盏：圆唇、上腹壁直、下腹壁内收、圆饼足。深灰或灰色胎，内壁满釉外壁半施青泛黄釉。

初唐时期——有两种造型。一种为圆唇、直腹壁、浅腹、圆饼足。灰胎，青黄釉，内壁满釉外壁施釉不及底。釉面开细冰裂纹。另一种为圆唇、侈口、浅腹、圆饼足。内壁满釉外壁施釉不及底。寺前山洪州窑遗址出土青褐釉重圈纹盏（图165），高5.2厘米、口径10.9厘米、足径3.8厘米。唐代是饮茶习俗大为流行的时期，洪州窑大量生产不同造型的盏、杯类茶具。此器内外腹壁半施青褐色釉，外腹一周弦纹，戳印一周重圈纹，乃模仿萨珊王朝玻璃杯的凸纹装饰。瓷器上的重圈纹却是洪州窑特有的，系当时的一种高档茶具。

中唐时期——小圆唇、侈口、腹壁直、圆饼足。灰黄胎。

晚唐五代——有两种造型。一种为圆唇、敞口、斜直壁、圆饼足，足缘外伸。灰色胎，内壁满釉外壁半施青褐釉。另一种为平折沿、微束颈、曲壁、浅腹、圆饼足。

4.碟：洪州窑青瓷碟在西晋和东晋时流行。

西晋时期——敛口、厚唇、浅腹、小平底。碟心有3个支烧痕。灰胎，内外壁满釉，釉色青。

东晋时期——敞口、圆唇、浅腹、直壁、假圈足。体厚重，施青绿釉。

隋代时期——圆唇、敛口、浅

腹，浅圆饼足。深灰胎，内底印树枝纹。

5.盏托：又称茶托子。是指带托子的盏，有的称托盏，由盏和托两部分组成，是比较考究的茶具。由耳杯盘演化而来，用以承托杯盏，以免盏热烫手和茶水外溢。相传这种茶具为唐蜀相崔宁之女发明。据《唐语林》记载："茶托子始建中蜀相崔宁之女，以茶杯无衬，病其熨手，取碟子承之。既啜，杯倾，乃以蜡环碟中央，其杯遂定，即命工以漆环代蜡。宁善之，为制名，遂行于世。其后传者，更环其底，以为百状焉。"由此看来，"茶托子"似乎是唐人发明的，其实不然。最早见于三国时期，1994年，江西吉水富滩东吴晚期墓葬出土的成套茶具中，包括青瓷盏托、擂钵、带盖钵等，青瓷盏托是我国目前所见最早的实物。洪州窑生产盏托始于三国东吴时期，盛于南朝时期。

三国东吴——分上、下两部分。上部为盏，圆唇、敛口、斜腹，外壁近口沿处一周弦纹下装饰水波纹一周，圈足与托盘相连。托盘：敞口、平底微凹。整器灰黄胎，内、外壁满施青釉，托盘底部露胎，釉面有细小开片。1994年，吉水县富滩东吴墓出土青釉托盏，通高9厘米、盏口径13厘米、盘口径16厘米、底径9.5厘米（图166）。

东晋时期——圆唇，侈口，浅弧腹，圆饼足。内底中间凹下，周沿有一浅凸圈，用以承托杯盏。灰白胎，内壁满釉外壁至底足施青色釉。

南朝时期——有两种类型。一种为直口，圆唇，腹壁下部内收，圆饼足或圈足。内底心凹下，周沿有圆圈凸起，四周饰一圈莲瓣纹，外饰弦纹一道，外壁有的刻划莲瓣一周。江西省博物馆藏南朝青釉莲瓣纹盏托（图167），高3厘米、口径13厘米。器内底

中心有一圆圈凸起，便于承托盏类器皿。江南是茶叶的盛产地，汉晋时渐形成饮茶习俗，盏托的流行是这种风尚的历史见证物。另一种为尖圆唇，侈口，直壁，大平底。内底中间有一浅凸棱。灰胎，青灰釉。

隋代时期——浅盘状，喇叭形高圈足，足把有凸弦纹三道。有的内底饰弦纹。

初唐时期——浅盘中间黏连花形小碗，盘为圆饼足。深灰胎，碗内外、盘内外除底足均施青釉。

6.杯：古代饮具，用来饮酒或饮茶。历代均见生产，基本器型是直口或敞口，口沿直径与杯高近乎相等。考古资料表明，最早的杯见于新石器时代。无论是仰韶文化、龙山文化还是河姆渡文化，都有陶质杯存在。洪州窑青瓷杯有平底、圈足。形制略有区别，从南朝起形式渐多。

图162.东晋青釉点彩盏

图163.南朝青釉盏

图164.南朝青釉盏

图165.唐代青褐釉重圈纹盏

图166.三国东吴青釉托盏

图167.南朝青釉莲瓣纹盏托

西晋时期——小圆唇，口沿外有一道弦纹，曲壁，圆饼足，深灰胎，施青灰釉，内满釉外施釉不及底。

南朝时期——均圆饼足，灰色胎，有五种式样。

敛口杯：圆唇，深腹，下腹内收，较窄瘦，圆饼足，足底面刻饰两个同心圆纹。灰色胎，内外壁满施青黄釉。

侈口杯：圆唇，深弧腹，圆饼状足，底有3个支烧痕。口沿外侧饰弦纹两道，外壁凸雕或刻划莲瓣纹、菊瓣纹等。

直口杯：圆唇，弧腹内收，圆饼足。深腹，口沿外侧刻1—2周弦纹，足面刻划2—3个同圆纹。灰色胎，内满釉外不及底足，施青黄釉（图168）。

敞口杯：尖圆唇，曲腹下内收。圆饼足，灰胎，青黄釉，内满釉外不及底。

芒口杯：口沿有一道规整素胎，内底可见3个支钉痕。从造型与装烧工艺推测，并非"对口扣烧"的芒口瓷，纯系仰式支烧工艺，应是口沿嵌镶金银专供官宦权贵所用的高档瓷。内外壁满釉，唯圆饼足露胎。

隋代时期——圆饼足足面内凹，腹较深。灰胎，内壁满釉外壁不及底足，施青黄釉或青泛黄釉、青泛白釉。有三种式样。

直口杯：圆唇，口沿外饰一组弦纹，下腹宽胖。青釉直口杯（图169），高7厘米、口径10厘米、足径3厘米。青色釉面开细冰裂纹，胎釉之间施一层灰白色化妆土，接合处更为明显。

敛口杯：圆唇弧腹壁，下内收至底。

侈口杯：尖圆唇，斜直壁，下

腹窄瘦。有的足特细小。青釉深腹杯（图170），高5.8厘米、口径8厘米、足径2.8厘米。深腹而肥胖的杯体，配以小巧的饼足，看似摇摇欲坠，实为立足平稳。亮丽的青黄色，釉面的细小开片自然流畅。

初唐时期——圆饼足。深灰胎。杯内满釉，外壁釉不及底。釉色青褐。有三种式样。

直口杯：圆唇，腹壁较直，下内收。青褐釉杯（图171），高4.8厘米、口径8.2厘米、底径4.4厘米。器型端庄饱满，圆饼足，腹壁近底与底足交界处的胫部有一道平切的旋削平台，乃是唐代洪州窑制作工艺的一大特征。

侈口杯：圆唇，口径一般在9厘米左右，腹壁斜直，浅腹，口沿外饰两道弦纹，腹部压印重圈纹、梅花纹、联珠纹，重圈外绕点纹一周。青釉杯（图172），高5厘米、口径8厘米、底径3厘米。唇沿外撇，腹壁外弧，中间略收，小饼足。外壁施青黄色釉，釉面开细纹片，釉层均匀，造型小巧精致。

敛口杯：圆唇，弧壁，圆饼足内凹，足较隋代同类器大。

中唐时期——均圆饼足，深灰胎或灰白胎。青褐釉或青黄釉，杯内满釉，外壁釉不及底。有六种式样。

敛口杯：圆唇。曲壁，深腹，下部较宽，口径与底径相近，杯壁与底足交接处有一周旋削纹，较初唐时浅。青褐釉杯（图173），高5厘米、口径7.2厘米、底径3.6厘米。陆羽《茶经》"洪州瓷褐，悉不宜茶"，见到这件釉层肥厚、圆润、晶莹剔透的青褐色釉上佳茶杯，谁都会发出陆羽评品洪州窑瓷器仅仅是其个人偏见的感叹。

侈口杯：圆唇，口沿下饰一组弦

纹，有的腹粗压印重圈纹。青釉杯（图174），高4.7厘米、口径8厘米、底径4厘米。仿西亚金银器造型，青黄色釉均匀，亮丽。无釉处露紫红色胎体。

把手圆腹杯：唇沿外卷，杯身似小碗。

把手折腹杯：杯身喇叭状，微束腰，折腹，杯腹中部施一组弦纹。底旋削三道凸弦纹（图175）。

唇口圆腹杯：唇口，曲壁，圆饼足，灰胎。

折沿杯：尖圆唇，平折沿，微束颈，曲腹。

晚唐五代——圆唇，侈口，浅腹，圆饼足内凹。灰或深灰胎。内外壁酱褐色或青黄色釉。

7.盏：盏即无把小杯，茶具或酒具。东汉至隋代间流行。

东汉时期——深腹，假圈足。深灰胎，内壁满釉，外壁施至腹中部，青黄釉。

三国时期——圆唇，斜直壁，平底。灰胎，内壁满釉外壁不及底，施青灰釉。

西晋时期——侈口，圆唇，深腹，平底。较前期同类器较深。粗灰胎，青灰釉。

隋代时期——有直口和敛口两种类型。

直口盏：圆唇，上腹壁直，下内收，平底。外留存3个支钉痕。

敛口盏：圆唇，敛口，弧腹，平底或浅圆饼足。均灰色胎，内壁满釉，外壁施釉不及底，釉色青黄。

8.高足杯：由身和足黏合而成。南朝时期开始出现，延续到晚唐五代。

南朝时期——圆唇，侈口、深腹，细喇叭状把足，口沿内侧饰一道凹弦

图168.南朝青釉杯

图169.隋代青釉直口杯

图170.隋代青釉深腹杯

图171.唐代青褐釉杯

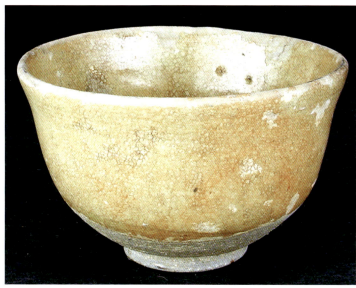

图172.唐代青釉杯

图173.唐代青褐釉杯

图174.唐代青釉杯　　　　　　　　　　　　　图175.唐代青釉折腹杯

纹，有的口沿外饰两道凹弦纹，有的弦纹下饰一周菊瓣纹。灰胎或深灰胎，内满釉外施釉不及底足，青釉或深青釉。

南朝青釉高足杯（图176），高10厘米、口径8厘米、足径6厘米。清新雅致、晶莹剔透的釉色，绘就成了一幅清净淳朴、远离尘世的生活情景。

隋代——喇叭口，高圈足。有两种式样。

第一种，撇口，圆唇，曲壁，深腹，喇叭状把足，有的把足饰四至八道凹弦纹，内底两组弦纹间模印不同的花纹。花纹有蔷薇花、朵花。灰胎或灰白胎、深灰胎，内满釉外施釉至足缘，施青泛黄釉或釉稀薄。隋代青釉高足杯（图177），高9.5厘米、口径9.8厘米、底径6.7厘米。胎釉间施有一层灰白色的化妆土，这是洪州窑工在隋代取得的一项重要制瓷技术成果。

第二种，撇口，圆唇，腹壁较直，腹较深，下承矮粗、喇叭形圈足，杯口沿施凹弦纹两道。灰白胎或灰胎，施青釉或青泛黄釉，内满釉外施釉至足缘部。

初唐时期——尖圆唇，侈口，深腹，矮喇叭状圈足，中部有一周凸棱（图178），口沿外壁饰两道凹弦纹。深灰胎，施酱褐色釉。

中唐时期——圆唇，敛口，深鼓腹，喇叭状圈足，中部有一圈凸棱。口沿外饰二道弦纹，弦纹下划菊瓣纹。深灰胎，内壁满釉外壁不及底足，施青黄色釉。

晚唐五代——圆唇，直口，直腹壁，深腹，内底下凹，底承把足，呈圆饼状，较矮粗。深灰胎，内外壁满施酱褐色釉（图179）。

9.盆：最早见于三国，东晋至隋唐间流行。

西晋时期——平折沿，弧腹，平底。承接三国时的风韵。外腹壁有一组弦纹，青黄色釉，釉面少许剥落，表明胎釉结合不甚牢固。如西晋青釉折沿盆，高9.3厘米、口径26厘米、底径15厘米（图180）。

东晋时期——尖圆唇，敛口，弧腹，圆饼足。口沿饰一周细密褐彩。灰泛红胎。

南朝时期——方唇，直壁，深腹，圆饼足。灰胎，内满釉外至底施青绿釉。扁圆的器腹中上部施两道凹弦纹，改变了器体矮胖的视觉，配以青绿色釉，浅处泛黄，深处呈墨绿色，起到美的视觉效果。如南朝青釉盆，高6厘米、口径16厘米、足径12厘米（图181）。

隋代时期——唇沿外卷，浅腹，曲壁，平底。沿面及内底边各饰一周弦纹。灰色胎，内满釉外不及底足，施青泛黄釉，光泽透亮。

唐代时期——有侈口、卷口和折沿三种式样。

侈口盆：圆唇，斜折沿，口沿外侧饰三道凸弦纹。折肩，腹下收至底，平底微内凹。灰胎，口肩部施青褐釉，有的腹部饰方格纹。

卷口盆：圆唇，唇沿微外卷，鼓腹，下渐收至底，平底稍内凹。灰泛紫胎，口沿及肩腹部施青泛黄釉。

折沿盆：圆唇，平折沿，曲壁，平底。深灰胎，内满釉外施釉不及底，青褐釉。

10.钵：盛贮器。形状像盆而较小用来盛饭、菜、茶水等陶瓷器具。新石器时代出现陶钵，商周后出现瓷钵。洪州窑钵的共同特点是平底或小平底、圆底，早期浅腹，后期腹变深。

东汉晚期——有直口钵和敛口钵两种类型。

直口钵：圆唇，腹壁较直，大平底。灰胎，施青釉，内壁满外壁不及底。

敛口钵：圆唇，曲壁，平底，口沿外侧饰一周凹弦纹。深灰或灰胎，施青釉，内壁满外壁不及底足。

三国东吴——有两种式样。一种为圆唇，敛口，口沿外侧有一道宽凹弦纹，腹壁斜直，大平底，深腹。灰胎，青釉。另一种为圆唇，侈口，曲壁，浅腹，小平底。

西晋时期——腹部变深，分为敛口和直口两种类型。

敛口深腹钵：敛口，曲壁，圆饼足，口沿外侧饰一周凹弦纹。灰色胎，内壁满施青釉，外壁不及底足施釉。西晋永安元年墓葬出土青釉弦纹钵（图182），高13厘米、口径22厘米、足径10厘米。圆鼓腹，腹部装饰一组弦纹。外腹近底留存一周较为密集的锯齿状痕。伴出永安元年（304）铭文铜镜。

直口深腹钵：圆唇，直口，壁外斜较直，大平底。灰胎，青灰釉。

东晋时期——有直口、敛口和敞口三种形式。

直口深腹钵：厚唇，直口，腹壁近直，腹下部稍内收，大平底。外壁近口沿处装饰一周凹弦纹。有的口沿粘存间隔垫块，为对口扣烧而成。

敛口曲壁钵：尖圆唇，微敛口，大平底，口沿外侧装饰一周细弦纹。灰胎，内外壁施青釉不及底。有的口沿饰褐色点彩。

敞口斜壁钵：敞口，尖圆唇，腹壁从口沿之下渐向内倾斜，圆饼形足。内底装饰一周凹弦纹，弦纹之内有6个支烧痕，近口沿有宽凹弦纹一周。釉色青绿，有的口沿饰褐色彩点。

南朝时期——口微敛，方唇，壁微斜削，平底。有的口沿饰褐色彩点，施青绿釉不及底。南朝青釉钵（图183），高8厘米、口径18.3厘米、足径10.7厘米。微卷曲的口唇，使敦厚端庄的饼足钵，有着圆润的变化，器型典雅大方。

隋代时期——均为圆唇，敛口，曲壁，小平底，有的底足外缘有一周浅窄的凹槽。内底印有各类蔷薇花、柏树、宝相花、团花、枝叶、小叶状花等图案。有的内底塑弓背松鼠，形态逼

图176.南朝青釉高足杯

图177.隋代青釉高足杯

图178.唐代青釉高足杯

图179.晚唐五代酱褐釉高足杯

图180.西晋青釉折沿盆

图181.南朝青釉盆

图182.西晋永安元年青釉钵

图183.南朝青釉钵

真。深灰、灰、灰泛红以及砖红胎，内壁满釉外壁不及底，釉呈青、青泛白、青黄色，胎釉间涂化妆土。吉水县博物馆藏2件隋代纪年墓印花钵，深灰胎，内壁满釉、外壁不及底施青黄色釉，局部脱釉。内壁近口处装饰一组细弦纹，底心模印同心圆纹。1件（M11：3）内底模印四朵团花，高4.2厘米、口径11.4厘米（图184）。1件（M11：4）内底模印四朵枝叶状花，高4.5厘米、口径11.6厘米（图185）。墓葬伴出反书"开皇廿年"纪年砖。

初唐时期——圆唇，敛口，曲弧壁，腹较隋代深，小平底内凹，内底饰一组弦纹。深灰胎，内外壁施青褐釉不及底或内壁满釉外壁不及底施青黄、青褐釉。有的中间模印花纹，周围模印水波纹。寺前山洪州窑遗址出土唐代青褐釉钵（图186），高4.6厘米、口径11.6

厘米、底径4.4厘米。器内壁上、下两组弦纹装饰一组水波纹，内底心压印宝相花，似整器在不停旋转，动感强烈。砖红胎，生烧，釉色不显。

中唐时期——有侈口和敛口两种类型。

侈口钵：圆唇，侈口，颈微束，曲壁，小平底，腹较深。

敛口钵：圆唇，敛口，曲壁，小平底。腹较初唐同类钵深。

均铁灰胎，内外壁半施青褐釉。

晚唐五代——厚唇，曲壁，浅腹，圆饼足。

11.擂钵：内壁有很多由底向口呈发射状的凹槽，用以粉碎食物、擂茶的器具。洪州窑从西晋时期至晚唐五代一直都在生产，整体造型变化不大，底足由高变矮，趋向平稳。

三国东吴——方唇或圆唇，敛口，

弧腹壁，喇叭状圈足。外腹部上下各一组细弦纹间施一周水波纹，内底心刻划放射性条纹10组。灰白胎，口沿以及外壁施青釉。1994年，吉水县富滩东吴墓出土青釉水波纹擂钵（图187），高4厘米、口径9厘米、底径5厘米。圆唇，敛口，斜弧腹，内底圆弧，圈足较高。

西晋时期——圆唇，敛口，鼓腹，喇叭状足。肩腹饰三道弦纹，弦纹间饰带状水波纹。钵内刻划由直线组成的交叉线。江西省博物馆藏青釉高足擂钵（图188），高7厘米、口径14厘米、足径13厘米。器型保留三国遗风。胎体厚重，稳重实用，器胎侵入红黄色土，散发着迷人的历史芳香。

东晋时期——圆唇，短直颈，圆溜肩，上腹鼓，下渐收至底，圆饼足，足缘外伸。

隋代时期——圆唇，直口，短

图184.隋代青釉印花钵（M11：3）　　　图185.隋代青釉印花钵（M11：4）

图186.唐代青褐釉印花钵

图187.三国青釉水波纹擂钵

颈、溜肩、上腹鼓，下腹内收至底，圆饼足，底沿外伸呈饼状。寺前山洪州窑遗址出土青釉擂钵（图189），高15厘米、口径13厘米、足径10厘米。反映隋代饮茶风尚兴盛的社会生活习俗。

初唐时期——敛口，圆唇，上腹鼓，下内收至底，平底，底沿外撇。内素胎，内底划10组线条纹。口沿外侧有一凹弦纹。

晚唐五代——敛口，上腹鼓，下内收，平底内凹。内壁刻划由直线组成的交叉纹。灰泛紫胎，外壁施酱釉，内壁素胎。

12.擂棒：历代均有，大同小异。唐代的擂棒呈圆柱状，一头大，一头小，大头顶端呈弧状。寺前山洪州窑遗址出土1件擂棒，残长12厘米。灰泛紫胎，胎细腻，素面（图190）。

13.盖钵：由器盖和钵合成。流行于三国东吴至西晋时期。

三国东吴——钵：子母口，内敛，尖圆唇，近口沿处一道弦纹下饰一周水波纹，斜弧腹壁，平底微凹。盖：盖面微隆，中间平坦，顶端塑瓜棱形纽。灰黄胎，外壁施青釉，釉面开纹片，局部剥落。1994年，吉水县富滩东吴墓出土青釉水波纹盖钵（图191），通高8.5厘米、口径13.3厘米、底径7.8厘米。有学者认为是我国最早成套的茶具之一。

西晋时期——有两种不同的类型。

双耳盖钵——钵：敛口，唇沿内折，口沿部有一道凹槽，肩部设置圆环状系耳，弧腹，平底。盖顶面圆弧，顶中心较平置圆锥状纽。丰城市博物馆藏青釉双耳盖钵（图192），通高10厘米、口径14厘米、底径10厘米。造型敦厚稳重，配以对称的半圆形系使器物显得协调，让人赏心悦目，集实用性与艺术性于一体。类似今日的汤钵、火锅类煮具，说明这种沿袭至今的饮食法由来已久，它是中华饮食文化悠久历史的见证物。

无系盖钵——盖顶较平，中间置圆锥状纽，盖面斜直。钵：圆唇，敛口，鼓腹，平底。江西省博物馆藏青釉盖钵（图193），通高8厘米、外径9.4厘米、内径6.8厘米、底径6厘米。青黄色釉覆盖整器外壁，使器物显得金碧辉煌，釉面开细小冰裂纹，更是充满艺术感。

14.镂：煮茶用具，"以镂煮，安炊之，勿令疾沸"。与风炉一起使用，形似大口锅。古代兴盛，宋朝以后退出历史舞台。

寺前山洪州窑遗址出土东晋时期的镂（图194），子母口，圆唇，短束颈，弧鼓腹，平底。口沿立两个对称环状耳，肩部饰三组弦纹。其造型源自东汉晚期釜的造型：斜折沿，束颈，弧腹壁，圆底，外腹壁拍印方格纹。这类造型的镂在三峡地区的万县曾有出土，可见其受欢迎的程度，难怪文献记载："镂，洪州以瓷为之，莱州以石为之，瓷与石皆雅器也。"

15.高足盘托转杯：1984年，南昌小蓝南朝墓出土（图195），通高12.5厘米。高足杯置于高足盘中间，杯盘均折腹，棱角分明，器物硬挺端巧，釉面晶莹剔透，开细冰裂纹，极具艺术的穿透力。更让人拍案叫绝的是盘中高足杯可以左右转动，并可拿取出来，构思精妙，工艺精湛，系南朝青釉中的绝妙作品。

16.锥斗，古代温器，又称刀斗或刁斗，是加热用的炊具，多用于温羹。一般是附长柄的盆形器，下附三足，也有带流的。柄端常作兽头形。古代军中"昼炊饮食，夜击持行"。秦代陶器中已有此造型。盛行于汉及魏晋时代。

西晋时期——圆唇，撇口，腹部略微外鼓，小平底，底附三方形足，腹部一侧塑方形把，把低于器体口沿。青

釉锥斗（图196），灰胎，青黄釉。通高7厘米、口径12厘米、底径3厘米。

南朝时期——圆唇，斜折沿，浅饼足，腹部近底附3蹄足，腹上部一侧塑一长条状把柄，把柄高出器体口沿。造型较晋时把更长，腹更深，足更高了。南朝青釉锥斗（图197），灰胎，青釉。通高12厘米、口径12.7厘米、底径7.7厘米。

隋代时期——平底，底部边缘附3个小乳足，唇沿一侧塑短小乳状把柄。器型较前朝浅矮，把柄及足均矮小，呈现退化的趋势，表明该类器物的历史使命行将结束。

17.器盖：洪州窑生产大量器盖，作为各类盖罐、盖钵，甚至其他器物的辅助用具。

西晋时期——盖面隆起，盖顶平，中间置塑纽，纽有不同的类型：

半环状、圆锥状、花苞状。盖沿斜直，沿下设子口，有的盖面饰两圈大块褐色点彩。

东晋时期——盖面隆起，盖顶平，中间置一半环形扁平系纽。盖沿斜直，沿边饰一道弦纹，沿下设子口。有的饰褐色点彩。

隋代时期——盖面弧拱，中间置半环状纽，盖沿饰一圈弦纹，沿下设子口。

中唐时期——盖面隆起呈弧状，中间置圆饼状纽。面饰三道凹弦纹，盖沿下设子口。

晚唐五代——有两种。一种为盖面隆起，中间置一圆饼状纽，盖沿下设子口。另一种为盖面弧拱，中间置一圆饼状纽，盖沿直伸，呈母口盖。

图188.西晋青釉高足擂钵　　　　　　　　　　图189.隋代青釉擂钵

图190.唐代擂棒

图191.三国青釉水波纹盖钵

图192.西晋青釉双耳盖钵

图193.西晋青釉盖钵

图194.东晋青釉镟

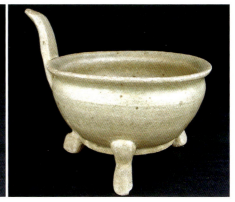

图195.南朝青釉转杯　　　　　　　　　　　图196.西晋青釉镳斗　　　　　　　　　　　图197.南朝镳斗

（五）卫生照明用具

卫生，是人们在长期与自然界和疾病做斗争的过程中，逐步发现并认识到的一种社会常识。除了前述的唾壶用来承接唾弃食物废渣或吐痰，以及盆等用来盥洗外，我们把用来蒸煮消毒、驱赶蚊蝇以及为了便利生活的虎子、烛台、灯盏之类照明用器归为卫生照明用具。这类瓷器的出现，极大地改善了人们的饮食、起居，减少了人类疾病的发生，降低了死亡率，延长了人类的寿命，是社会进步的具体反映。器型主要有虎子、过滤器、灯盏、灯类器等，为了解决污染生活环境的厕所模型另外归类在明器类。

1.虎子：起源于战国，是六朝时期常见的器物。从先秦到西汉时期，是洗涤污秽的盥洗器，东汉初逐步成为溺器，即夜壶，亦称虎子。该器流行了相当长的时期，隋代开始走下坡路，唐代基本不见。其用途功能多数认为是便壶，亦称溺器、夜壶。有的认为是洒水壶。黄展岳先生认为是酒器。一般造型为一端

开有大口，背上有提梁，有平底或底有四足。器身多数呈圆筒状，也有球形。

东汉时期——圆筒状腹部右上部塑一圆管状口，背上安装弧形把柄。简单而实用。胎体上施薄釉，有明显的流釉痕。江西省博物馆藏东汉青釉虎子（图198），通高15.3厘米、长18厘米、宽8.4厘米。深灰胎，青褐釉。

三国东吴——器口塑成昂首张嘴，身躯肥壮，四肢蜷曲作卧伏状，提梁做成背部弓起的奔虎状，形态生动逼真，造型优美。1966年，新建县三国吴墓出土青釉虎子，施青釉，为炒米黄色，釉面开冰裂碎片，釉多剥落。

西晋时期——造型较之三国时期的虎子变得更复杂，上部的圆状流上斜，底部附四矮足，器身中部收束，刻划纹饰，提梁塑呈螭龙状，更加艺术化。江西省博物馆藏青釉虎子（图199），通高27厘米、长径30厘米、短径18厘米，灰白胎，青釉泛绿色。

东晋时期——整个器身呈蚕茧形，由西晋虎子演化而来，口颈改西晋向上

的特征，塑成平口，口沿饰弦纹，背上提梁由虎头状改为半圆形，股上尾巴由贴附改为三角形兽尾，股下有四兽足。1980年九江市国棉四厂东晋墓出土，通高24.5厘米、最长31厘米、最宽16厘米。

2.过滤器：敞口，溜肩，圆鼓腹，平底。肩部置一对绳纹竖耳，腹、底部分别有三四行排列整齐的圆形镂孔。配笠帽形盖，器内盛有耳杯、碟等器物。造型奇特，设计巧妙，将装满杯、碟的饮食器放入沸水中过滤煮泡消毒，沸水从圆形镂空中溢入、溢出，方便实用。这种十分考究的卫生消毒用具的问世，大受人们的喜爱，显示该时期人们对生活质量的追求。1972年，瑞昌码头西晋墓出土青釉双系镂孔过滤器（图200），通高14厘米、口径13厘米、底径9厘米。灰胎，青黄釉。

3.灯类器：分为高柄灯、盘状灯、盏状灯等类型。

三国东吴——主要流行高柄灯。造型源自汉代陶高柄灯。由盏、柄、托盘三部分组成。盏：圆唇，弧腹壁，内

底圆弧，外壁近口沿饰一周凹弦纹。圆柱状把柄连于托盘。托盘：尖圆唇，敞口，浅腹，平底。1994年，吉水县富滩东吴墓出土青釉弦纹高柄灯盏（图201），通高12.4厘米、盏口径11.7厘米、托盘口径16厘米、底径8厘米。灰白胎，通体施青釉，釉面开纹片。

西晋时期——与三国东吴时期一样流行高柄灯：盏底承圆柱状把，下连接深腹盘，托盘与盏相黏连成一体。盏直径小于托盘直径。盏用于盛油及放置灯芯，托盘承接废弃物，设计科学合理，造型灵巧、精致。丰城市博物馆藏西晋青釉灯盏（图202），高9厘米、盏口径8厘米、盘底径8厘米。灰胎，青黄釉。

东晋时期——分高柄灯和盘状灯两种类型。

高柄灯：由灯盏和承柱两部分组成。灯盏，敛口，曲壁，平底。中空圆柱状把下承接平底盏组成承柱。有的圆柱状把装饰弦纹。造型源自前期高柄灯，分开制作而成。江西省文物考古研究所发掘出土东晋青釉带托灯盏（图203），通高19厘米。晶莹亮润的釉面上开细小冰裂纹，给人一种冰心玉洁之感。

盘状灯：浅盘状，圆唇，口微侈，折腹，下承喇叭状圈足。盘中心有一圆圈凸出，高出盘口。盘内饰一组凹弦纹。有学者认为盘中心凸圆圈可插烛，是烛台。

南朝时期——流行盘状灯。敞口，斜直壁，大平底。盘内底中心塑中空凸圆圈或圆柱。1975年，吉安县南朝齐永明十一年(493)墓出土青釉盘状灯（图204），高4厘米，底径10厘米。凸

圆圈低于盘口，盘口沿一侧自内向外贴塑箭状弧曲把柄，施炒米黄釉,釉全剥落。有学者认为是烛台。江西省博物馆藏南朝青釉盘状灯（图205），通高6厘米、盘口径11厘米、底径6厘米。盘的中央塑一圆圈，其口沿立一圆柱，柱上端塑圆环。

隋代时期——流行盏形灯。浅腹盏内底中心凹凸圆圈或圆柱。弧腹壁，圆饼足。江西省博物馆藏青釉盏形灯（图206），通高4厘米。盘内底中心凸圆圈高出盘口沿，浅弧腹盏承接油渣。外施青黄色釉，胎釉间施一层灰白色化妆土清晰可见。造型规整，线条圆润。吉水隋代"开皇廿年" 2号墓出土灯盏（图207），盏内底中心凸圆圈低于盘口沿。深灰色胎，青褐色釉，脱釉严重。施釉内满、外不及底。高3.0厘

图198.东汉青釉虎子

图199.西晋青釉虎子

图200-1.西晋青釉双系镂孔过滤器　　　　　图200-2.西晋青釉双系镂孔过滤器　　　　　图203.东晋青釉带托灯盏

图202.西晋青釉灯盏　　　　　　　　　　　　　　图201.三国青釉弦纹高柄灯

图204.南朝青釉盘状灯

图205.南朝青釉盘状灯

图206.隋代青釉盏形灯　　　　　　　　　　　　　　图207.隋代盏形灯（M2：7）

米、口径10.0厘米。吉水隋代开皇廿年11号墓出土灯盏（图208），盏内底中心凸圆圈低于盘口沿，圆圈上部设一扁柱状突起，上绕一个环圈。深灰色胎，青褐色釉，局部釉层脱落。施釉内满、外不及底。通高4.8厘米、口径11.0厘米、足径5.0厘米。

初唐时期——流行盏形灯。圆唇，敞口，腹较前期深，圆饼足，内底塑一半环状泥条圈以置灯芯。灰泛紫胎，内满釉外不及底，施青褐釉。

晚唐五代——又转而流行高柄灯。喇叭状高柄灯盏置于另一喇叭状浅盘中，宽喇叭足便于置放台面，高耸的器型，将照明的范围更扩大，也便于移动，灯烛油污落于承盘中，干净卫生。江西省博物馆藏青釉高柄灯盏（图209），通高17厘米。深灰胎，青黄釉。

（六）宗教祭祀供具

包括香炉、插器、匜、瓢尊、高足盘等。

1.香炉，是香道必备的器具，也是古代民俗、宗教、祭祀活动中必不可少的供具。历代洪州窑生产的香炉包括有碗托熏炉、盘托熏炉（香熏）、盘托三足炉、盘托五足炉等不同形制，其用途多种，或敬神供佛，或熏衣，或陈设。

西晋时期——流行碗托熏炉。由托座和炉体组成。炉体呈扁圆形，鼓腹，腹部环镂两排圆形气孔，平底。有的炉口沿饰大而稀疏的褐彩。托座碗形，中间置喇叭形承柱。象山洪州窑遗址出土1件熏炉，失座，灰黄胎，釉色不显，生烧（图210）。

东晋时期——流行碗托熏炉和盘托熏炉两种形式。

碗托熏炉：形制与西晋时期同类器相似，由托座和炉体组成。炉体：圆唇，短颈，斜肩，鼓腹，平底。上腹部环镂两层三角形气孔，下承碗形承盘，有的口沿饰细长褐色点彩。江西省文物考古研究所发掘东晋墓出生青釉香炉（图211），通高23厘米，灰白胎，青绿釉。

盘托熏炉——又称博山炉、博山香炉、博山香熏、博山熏炉等，博山炉由西汉的铜熏炉和东汉的陶博山炉演变而来。是汉、晋时期常见的焚香所用的器具，浅盘托，圆柱状把手，炉上群峰突起，群峰丛中有的有一立鸟。造型别致，制作精巧。东晋时期的博山炉由盘、承柱和炉体三部分组成。

南朝时期——香炉的形制多样而丰富，有三足炉、盘托三足炉、盘托五足炉和盘托熏炉等。

三足炉：圆唇，短直颈，圆鼓腹，底腹三足。南坪洪州窑遗址出土青釉三足炉，灰白胎，青灰釉，略有变形（图212）。

盘托三足炉：直壁，圆筒状深腹，平底，圆饼足。底缘附兽蹄形三足，下承接大平底浅盘。江西省博物馆藏南朝青釉盘托三足炉（图213），通高7.3厘米、口径9.2厘米、底径12.8厘米。炉底边缘附三足与托盘相黏连，托盘呈圆饼状足，炉与托盘的口沿均方唇，形体饱满。器体施青黄釉，釉厚莹亮，釉面开细冰裂纹。

盘托五足炉：圆唇，撇口，斜直腹壁，内底平坦，炉近底部承五兽爪足。南昌县博物馆藏青釉盘托五足炉（图214），通高7.3厘米、炉口径6.8厘米、盘底径6.7厘米。外腹壁满饰弦纹，形体雅致。施青绿色釉，釉面开细冰裂纹。

盘托熏炉：重重叠叠的莲瓣花蕊中间站立一只展翅欲飞的仙鸟，下承浅腹平底盘。江西省博物馆藏青釉博山熏炉（图215），高18厘米、底径13厘米。"欢作沉水香，侬作博山炉"，其雕刻、捏塑较东晋时简化，更注重莲瓣装饰，青黄的釉面玻璃质感强，开冰裂纹片，釉积晶处呈墨绿色。器物造型独特，设计巧妙，为上乘之作。

隋代时期——分为三足炉、盘托四足炉和盘托三足炉。

三足炉：炉身呈罐形，圆唇，短束颈，扁鼓腹，圆底，下接三短锥状足，足外撇。吉水县隋代墓葬出土青釉三足炉，深灰色胎，青黄色釉，脱釉严重。

除外底和足部外，通体施釉。高7.5厘米、口径9.4厘米（图216）。

盘托三足炉。炉作侈口，深直腹，圆底近平状，下接三个外撇状短蹄足，足下承盘；盘作侈口，浅弧腹，饼足状。吉水隋代开皇廿年纪年墓出土青釉盘托三足炉（图217），灰色胎，青褐色釉。仅底足不施釉。通高7.7厘米、口径9.6厘米、底径5.2厘米。

盘托四足炉：炉体圆唇、侈口、微束颈，圆鼓腹，圆饼足，底缘附四蹄足，下承盘。灰胎，内外壁施青黄釉不及底，开冰裂纹。

初唐时期——流行三足炉。炉身呈罐形，圆唇，短直颈，鼓腹，圆底下附三兽蹄足或三兽爪足。深灰色或灰胎，内不及底，外至足缘施青褐或

图208.隋代盏形灯（M11：14）

图209.晚唐五代青釉高柄灯盏

图210.西晋熏炉

图211.东晋青釉香炉

图212.南朝青釉三足炉

图213.南朝青釉盘托三足炉

图214.南朝青釉盘托五足炉

图215.南朝青釉博山熏炉

图216.隋代青釉三足炉（M4：5）

图217.隋代青釉盘托三足炉（M2：4）

青泛白釉。

中唐时期——主要是三足炉。炉身呈罐形，短直颈，圆鼓腹，肩附扁平把手，平底，下附三兽爪足，足外撇。

2.插器：器物的功用多种，有可能是插花，有可能是插烛的，有可能是油灯，个别的可能充当水盂作用。造型有蛙形、狮形、四管插器、五管插器、六管插器、八管插器、四管供台、五管供台等形式。

西晋时期——有蛙形插器、狮形插器两种形式。

蛙形插器：塑成蛙状，中空，背塑圆管状插孔。有的在动物的眼、四肢等部位施褐彩，形成独特的艺术装饰效果。江西省博物馆藏西晋青釉蛙形插器（图218），高8厘米、口径5厘米、底径5厘米。形象生动，栩栩如生，不愧为一件艺术珍品。蛙是益虫，人类很早就认识它，在新石器时代已出现其图像，江西新干商代大墓出土遗物中也有其身影。

狮形插器：狮身呈蚕茧状，四矮脚置腹下。竖耳，目圆睁，小鼻朝天，宽嘴咧齿，头鬃垂披，颈部贴塑鬃发，长尾，背部正中所置的圆管与器身相通。江西省博物馆藏西晋青釉狮形插器（图219），通高13厘米、长17厘米。狮做成器物形状，带有驱鬼怪、辟邪恶的意思，被人们视为压邪的神物。

南朝时期——四管供台、五管供台、五管插器和六管插器。

四管供台：长条形板上搁四个直口深腹竹节状小杯，下承倒置的高柄莲蓬状碗。剔刻清晰的莲花图案，是南朝佛教盛行的反映。独特的器具显得端庄肃穆，神秘迷茫。1962年，永丰县南朝墓出土青釉四管供台插器（图220），通高20厘米、最长16厘米、底径11厘米、板长15.5厘米、宽2.8厘米。供台是一种专供祭祀的供器，此种器型在南朝青瓷中较为罕见。

五管供台：底座为圆形，浮雕双重覆莲，上托一长条形横板，板上平列五支圆管状物。

五管插器：在罐体肩部置四个圆管状物（图221），与口颈部相黏连，但与器内不相通，承沿袭汉代的五联罐造型，但较其简化。有人认为是中国传统的"五行"学说在艺术品上的反映，四圆管加上器物的圆口为五圆管，即喻示五行说的"金、木、水、

图218.西晋青釉蛙形插器

图219.西晋青釉狮形插器（5797）

图220.南朝青釉四管供台　　　　　　　　　　　　　　　　　图221.南朝青釉五管插器

火、土"。

六管插器：围绕罐体肩部置五个圆管状物，圆管腹部镂孔。造型奇特，制作规整，精致美妙。南朝青釉六管插器（图222），通高9厘米。

隋代时期——造型有五管插器、八管插器。

五管插器：罐体肩部置四个圆管，其中三个与腹部相通。罐、直口、长颈、扁鼓腹、饼足。吉水隋代"开皇廿年"纪年墓葬出土1件青釉五管插器（图223），深灰色胎，青黄色釉，施釉内壁满、外壁不及底。高6.6厘米、底径6.1厘米。

八管插器：罐体圆溜的肩部塑七个圆筒环绕器颈，环列有序，与器腹不通。南昌县博物馆藏隋代青釉八管插器（图224），高12厘米、腹径12厘米。青泛绿色釉面开细冰裂纹，器物

转折积釉处呈墨绿色结晶。

3.匜，水器，用于沃盥之礼，为客人洗手之用。先秦时多用铜制。西晋以后始用瓷质。圆唇、敛口、弧腹壁、平底。器口一侧配斜上翘的短流。江西省博物馆藏西晋青黄釉匜（图225），外腹壁上部装饰一周凹弦纹。灰胎，青釉，釉面开细纹片。高5厘米、口径10.5厘米、底径6.8厘米。

4.瓢尊

西晋时期——流行撇口瓢尊。圆唇、撇口，腹上部微收束，下部外鼓，深腹，圆饼足。口沿一侧塑曲把柄，把柄头端刻划龙纹。青釉瓢尊（图226），仿铜器造型，外腹中部有一周泥条堆塑，既加固器物，又起美化的作用。灰胎，青黄釉。高6.7厘米、口径13.5厘米、底径7.2、把长5厘米。

南朝时期——有敛口瓢尊和直口

瓢尊两种形式。

敛口瓢尊：圆唇、敛口、弧腹壁、圆饼足。口沿一侧自内而外塑箭头状短把柄。青釉敛口瓢尊（图227），高8厘米、口径13厘米、底径7厘米。肥厚的釉层，玻璃质感特强。近底的积釉痕，呈墨绿色，器型古朴大方，沉稳庄重。

直口瓢尊：方唇、直口、直腹壁、圆饼足。器体自外腹壁沿口沿塑贴一箭头形把柄，透出一种威严感。南朝青釉瓢尊（图228），高6.5厘米、口径11厘米、底径5.4厘米。器物内外满釉，釉面开冰裂纹，造型非常优雅、大方。

隋代时期——流行撇口瓢尊。多口、深腹略曲，小平底，口沿处塑一小柄。吉水隋代"开皇廿年"2号纪年墓出土青釉瓢尊（图229），灰色胎，青褐色釉，局部釉层脱落。施釉

内满外不及底。通高6.8厘米、口径10.4厘米。

5.高足盘：洪州窑生产的高足盘主要流行在南朝、隋代。

南朝时期——有敞口折腹和敞口弧腹两种式样。

敞口折腹高足盘：浅盘，盘壁近底部折腹，下承高喇叭状足。南朝青釉折腹高足盘（图230），釉面开细冰裂纹，釉色翠绿呈青绿色。高10.6厘米、口径13.4厘米、足径10厘米。

敞口弧腹高足盘：尖圆唇，浅腹，配粗大的喇叭足，盘与足壁均弧腹壁，两者结合得天衣无缝，青青的釉色，透出诱人的光芒。南朝青釉弧腹高足盘（图231），高7厘米、口径13厘米、足径11厘米。胎体厚重，造型端庄。

隋代时期——流行敞口折腹和弧

腹高足盘，造型与南朝时期的高足盘相同，但是整体腹部变深，多数盘内底单体戳印花纹。胎釉之间涂饰一层化妆土。

敞口折腹高足盘：圆唇，折腹，高喇叭状圈足，足粗矮。多数内底模印花纹。青釉折腹高足盘（图232），灰胎，青灰釉。

敞口弧腹高足盘：圆唇，浅弧腹，下承高粗的喇叭口状把足，口沿内饰一道细弦纹。均灰胎，内壁满釉外壁至足缘施青釉，釉面开细冰裂纹。有的内底单体戳印花纹（图233）。

初唐时期——流行敞口折腹高足盘，胎釉之间施一层化妆土，釉色多数呈青褐和青色。圆唇，折腹，高喇叭状圈足，足粗矮。有的内底模印弦纹。青褐釉折腹高足盘（图234），灰

胎，青褐釉。

（七）文房用具

是指笔、墨、纸、砚"文房四宝"中的砚台和水盂等中国传统文房用具。

1.水盂：古代盛器，又称水丞。最早出现在秦汉，形制多种多样，圆形的，或扁圆，或浑圆。洪州窑青瓷水盂基本造型为敛口或侈口，深腹，平底。南朝至隋唐间流行。

西晋时期——形制有直口水盂、敛口水盂和三足水盂。

直口水盂：口较直，圆唇，胎壁较薄，修削技术高超。江西省博物馆藏西晋青釉直口水盂（图235），青黄色釉细腻，开满釉冰裂纹。高5厘米、

图222.南朝青釉六管插器

图223.隋代青釉五管插器（M2：11）

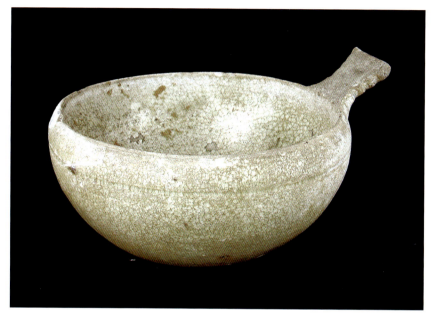

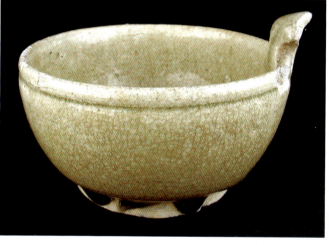

图224.隋代青釉八管插器

图225.西晋青黄釉匜

图226.西晋青釉瓢尊

图227.南朝青釉敛口瓢尊

图228.南朝青釉瓢尊

图229.隋代青釉瓢尊（M2：3）

图230.南朝青釉折腹高足盘

图231.南朝青釉弧腹高足盘

图232.隋代青釉折腹高足盘

图233.隋代青釉印花弧腹高足盘

图234.初唐青褐釉折腹高足盘

图235.西晋青釉直口水盂

口径8厘米、底径5厘米。

敛口水盂：敛口，圆鼓腹，圆饼足。白胎，青黄色釉，外腹壁有少许剥落釉斑。造型端庄，线条圆润。

三足水盂：圆唇，敛口，扁圆鼓腹，圆底下附三乳状足，使原本矮胖笨拙的器体显得圆润协调，配上满身的戳印方格纹，器体又显结实。表现了该时期富丽繁褥的装饰风格。西晋青釉三足水盂（图236），高7厘米、口径6厘米。

南朝时期——主要流行敛口水盂。圆唇，敛口，圆溜肩，肩饰弦纹。器型较小。底足有大小两种，均圆饼状。大底足的足径大于腹径。灰胎，内外满釉。

隋代时期——圆唇，敛口，鼓腹，圆饼足。寺前山洪州窑遗址出土青釉水盂（图237），腹部饰三组刻划"ⅠⅠⅠⅠ"纹饰。灰胎，内外满施青黄釉。

初唐时期——有浅腹盂、深腹盂和七联盂三种类型。

浅腹盂：圆唇，敛口，圆溜肩，圆饼足底。有的肩部模印重圈纹一周，象山洪州窑遗址出土青釉浅腹水盂（图238），略有变形。深灰胎，内满釉外不及底足，釉色不显，器壁薄，器型小巧。

深腹盂：圆唇，敛口，溜肩，深腹，圆饼足。有的外壁中上部饰宝相花、莲瓣纹，有的饰两周弦纹。胎壁厚重，胎色深灰或深灰泛紫。寺前山洪州窑遗址出土青褐釉水盂，深灰胎，青褐釉，釉面不匀（图239）。

七联盂：七个大小相同的敛口鼓腹圆饼足小盂相黏连在一起，置在一块扁平垫板上，中间置一盂，外环

六盂。盂：敛口，口沿外饰一道凹弦纹。鼓腹，圆饼足，下腹部瘦高。1992年，象山洪州窑遗址出土青釉七联盂（图240），高5.2厘米。深灰胎，内满釉外至下腹部，青泛黄釉。

中唐时期——分敛口、侈口和敞口三种式样。

敛口盂（一）：圆唇，曲壁，弧鼓深腹，圈足。外侧壁与底足交接处有一周旋削痕。口沿外侧、足部饰弦纹，腹部有的戳印一周重圈纹，有的饰两周弦纹。

敛口盂（二）：小唇沿，弧鼓腹，圆饼足足面中间有一周旋削凹槽。肩部饰一组弦纹，腹部模印花纹。

侈口盂（一）：厚唇，曲壁，圆饼足。

侈口盂（二）：尖圆唇，唇沿外卷，曲壁，圆饼足或浅圈足。有的肩部饰弦纹，有的腹部模印莲瓣纹。

敞口盂：微束颈，弧腹，腹中部有一折棱，圆足。

晚唐五代——流行直口盂，形体较小。圆唇，直口，短颈鼓腹，圆饼足内凹。铁灰胎，施褐色釉，内壁满釉外壁不及底足。

2.砚台：是伴随着笔和墨的发展而发展起来的。最早出现的砚台是石砚。汉代开始生产瓷砚，东汉至隋唐间流行瓷砚。唐代以后石砚渐兴，瓷砚少见。洪州窑生产的砚台均圆形，砚心凸起或下凹，底沿饰3—20只等距离的虎爪、乳头、马蹄或牛蹄形足，早期为3足，南朝时砚足较少，仅见3—5只，隋唐以后砚足逐渐增多，多至20只足。后期砚台侧壁附有笔插。

西晋时期——流行三足砚台。圆形砚，边缘一周凸起呈子口状，底部三熊足呈鼎立状。西晋青釉三足砚（图241），高3.6厘米、直径11.3厘米。胎色灰白，砚身及底施青釉，微泛黄，釉面光滑，开冰裂纹。砚面无釉，以利研磨。

东晋时期——与西晋时期一样流行三足砚台，形制和造型相同。圆形，砚心微凸，边墙下部有一道凸棱，底塑三足，早期砚的典型特征明显。江西省博物馆藏青釉三足砚（图242），高3厘米、口径13.3厘米、足高1厘米。

南朝时期——主要为3—10足砚台。但是砚堂变高，砚面呈圆形，直唇，腹壁中部有一道凹槽，砚面逐渐隆起，砚心上凸，底平微内凹，底沿附3个马蹄状足。江西省博物馆藏南朝青釉五足砚（图243），通高14厘米、口径22厘米。器物造型端庄典雅，显文人雅士风范。灰色胎，砚面及底无釉，余施黄绿色釉或青釉。

隋代时期——面呈圆形，口沿外侧施一组弦纹，砚心凸起，周有浅水槽，下设3或10个乳足、兽足或马蹄足。

四足砚台——直壁，底足边缘接四乳足。吉水隋代"开皇廿年"21号纪年墓出土青釉四足砚台（图244），深灰色胎，青褐色釉，脱釉严重。仅内、外底心不施釉。高3.8厘米、口径11.8厘米。

五足砚台——直壁，砚心微凸，外底周边接五乳足。吉水隋代2号"开皇廿年"纪年出土青釉五足砚台（图245），深灰胎，青黄色釉，釉面开细冰裂纹。砚心和外底心不施釉。高4.8厘米、口径15.3厘米。

八足砚台——圆形、直壁，砚心骤然突起，外底周缘接8个圆蹄足。吉水隋代"开皇廿年"纪年墓出土青釉八足砚台（图246），灰色胎，釉已全部脱落。高6.5厘米、口径17.2厘米。

十足砚——砚面微上凸起。外壁下部附10个兽足。造型稳重大方。江西省博物馆藏青釉十足砚（图3），高7厘米、口径18厘米。青泛褐色釉，由于在烧造过程中产生积釉，经窑火变化后，薄处呈青色，积釉厚处泛褐色。这种高档瓷砚是洪州窑独有的作品。

初唐时期——流行多足砚台，砚足达10多个。砚心突起，四周围以深凹水槽，底平。腹壁外侧饰一周凸棱，底沿贴塑水滴状足或兽蹄状足10多个。1995年，寺前山洪州窑遗址出

土唐代青褐釉多足砚（图102），辟雍状砚池，砚外腹塑20个马蹄足，一侧塑一对椭圆形敛口小盂。釉面晶莹剔透，既是考究的文房用具，又是一件十分高档的陈设艺术珍品。高5厘米、直径14厘米、足高4厘米。

中唐时期——与初唐时期一样流行多足砚台。砚面下凹，周有水槽，外沿高于砚面。底沿塑9—21个兽蹄足，兽爪形足，砚侧有的贴塑一对小水盂，形似笔插。胎质细白，砚面及底无釉，余施黄褐色釉。

（八）其他，包括盖盒、纺轮、碾槽、碾轮、印模等

1. 盖盒，由盖与盒身组成。功能多样，可盛放化妆品、药品、茶

末等。

西晋时期——盒身圆唇，敛口，鼓腹，平底。南昌市区出土青釉盖盒（图247），母口盖，盖面斜弧，上下各装饰一组弦纹，顶中间纽残。灰白胎，外壁满施青黄釉，釉面开冰裂纹。通高8.2厘米。

东晋时期——盒身：圆唇，敛口，弧腹，平底略内凹。配母口宝珠纽盖。盒内底有3个支钉痕，外底有4个支钉痕，口沿有5个支钉痕，盖与盒同烧，胎釉色泽一致。青釉盖盒（图248），通高8厘米、直径12厘米。

隋代时期——盒身：子口，直壁，圆饼足。盖：平顶，直壁，母口。如青釉印花盒，盖面四道凸棱将微隆的盖顶面分隔成大小不一的4个区，最内区戳印圆圈纹，第3区锥刺一周仰莲瓣纹，盖壁及盒壁满饰，盒

图236.西晋青釉三足水盂

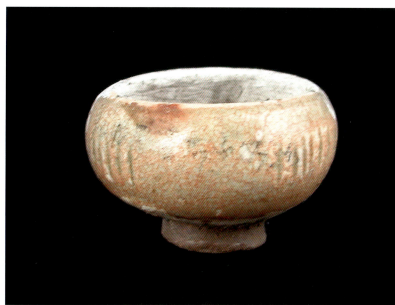

图237.隋代青釉水盂

图238.初唐青釉浅腹水盂

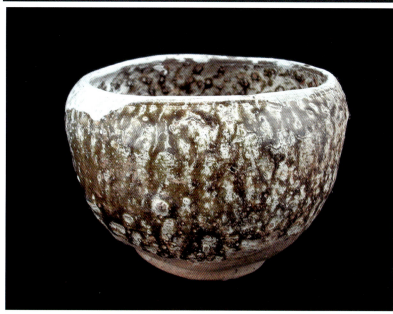

图239.初唐青褐釉水盂

图240.初唐青釉七联盂

图241.西晋青釉三足砚

图242.东晋青釉三足砚

图243.南朝青釉五足砚

图244.隋代青釉四足砚台（M21：2）　　　　　　　　　　图245.隋代青釉五足砚台（M2：10）

图246.隋代青釉八足砚台（M11：17）

图247.西晋青釉盖盒

腹壁锥刺一周双层仰莲瓣纹，外壁裹青黄色釉，灰白胎。高9厘米、直径13厘米（图249）。

2.纺轮，新石器时代开始出现纺轮，以后这种传统拈线工具一直延续到近现代。此类纺织工具多出于女性墓，这是封建社会传统男耕女织生活的真实写照。

三国东吴——圆柱状纺轮。上下两面均平，中空。灰黑胎，外壁施青褐釉（图250-1，图250-2）

初唐时期——算珠形和圆柱形两种纺轮。中有孔，有的圆柱形纺轮壁有锥刺痕。灰或砖红胎，外壁施青黄釉。

3.碾槽

晚唐五代——碾槽呈船形，中间有椭圆状凹槽，供碾磨之用，平底。灰泛紫或砖红胎，外壁施酱褐釉，有的釉色不显。

4.碾轮，圆饼状，中间厚，两边薄，中间有圆孔。深灰胎，素面（图251）。

5.印模

隋代时期——长条状印模。印模呈长条束腰状，素胎，一头为圆刻团花，一头为椭圆形，刻树叶纹，与印花器花纹相对合。

初唐时期——圆饼状印模。寺前山洪州窑遗址出土印模（图252），圆形，一面有圆形握手处，一面平，刻一组同心圆纹。与初唐青瓷高足盘可以对应。素胎。

（九）明器类

古人有事死如事生的观念，幻想死后仍能像生前一样生活，于是将实用器皿或仿制的模型器即明器随葬。洪州窑生产的明器类型主要有水注、插器模型、仓、灶、耳杯、耳杯盘、盏盘、格盘、水井、茅厕、鸡舍、鸭圈、狗圈、动物模型等。

1.水注，器身作扁圆形，饼足。肩部置兽头形流，提梁呈绞索状，两端各贴塑两个小圆饼。盖腹一同烧制。吉水隋代"开皇廿年"11号纪年墓出土青釉水注（图253），深灰色胎，青褐色釉，脱釉严重。仅底足不施釉。通高7.5厘米、底径6.0厘米。

2.插器模型，直口，方唇，扁鼓

腹，圆饼足。肩上贴塑四根泥条，用以象征插器的圆管，不具实际作用。吉水隋代墓葬出土插器（图254），深灰色胎，青黄色釉较亮，脱釉严重。施釉内满、外不及底。通高4.7厘米、口径4.7厘米、底径5.3厘米。

3.仓，西晋时期流行。顶部立一飞鸟，器身置三周凸棱，把仓体从上而下分成四级。腹中部开一长方形仓门，门两侧各置一有孔耳形门闩，带纽方形仓门板与其配套组合使用，既有防盗功能，又方便进出，更兼防潮作用。仓的造型别致，功能齐备，是西晋时期南方地区储藏谷物器皿的物证。西晋永康七年（297）墓葬出土青釉立鸟谷仓（图255），通高21厘米、底径16厘米。

4.灶：灶具是供人们烹煮食物和烧水的设备。青瓷灶由东汉陶灶和铜灶发展而来。

西晋时期——流行船形灶。灶面镂三个火眼，分别置锅、釜、甑及罐等炊器和水器。灶前设一正方形灶门，作投柴用，灶尾镂一圆形出烟孔。造型源自东汉绿釉陶灶，唯灶尾变尖，灶前设置挡火墙。1997年，南昌县西晋元康七年（297）纪年墓出土青釉灶（图256），通高14厘米、最长24厘米、宽16厘米。

南朝时期——与西晋时期一样流行船形灶。灶面镂三孔或者二孔火眼置罐、甑、锅。灶前端置梯形挡火墙，墙正下方开一弧形灶口，灶内置放一把夹柴用的火钳。灶门左边立一梳发髻的妇女，右边置放一灭火罐，灶旁立一梳发髻烹饪状的妇女。尾端

镂一出烟孔。与西晋相比，灶具更加复杂，增添灭火罐以及添柴、烹饪的妇女和看家狗，生活气息浓厚。1979年，永修县南朝梁天监九年(510)墓出土青釉灶，高11厘米、长12.4厘米、宽10厘米。施青釉，呈米黄色，釉面开冰裂碎片，玻璃质感强，仅底部无釉。塑造精致生动（图257）。

隋代时期——仍然以船形灶为主，灶面上镂一个火眼置蒸煮器，旁边放三个小罐。灶尾置一个三角形出烟孔。火门近方形，内置两根干柴，门侧塑一个熄薪罐。灶旁立一妇人，头梳双髻，双手捧蒸煮器。底板呈长方形。但是形体变为尖首船形，器型缩小，人物模糊，制作粗糙。吉水隋代"开皇廿年"11号纪年墓出土青釉灶（图258），深灰色胎，青黄色釉，

图248.东晋青釉盖盒

图249.隋代青釉印花盒

图250-1.三国青釉纺轮

图250-2.三国青釉纺轮

图251.唐代碾轮

图252.初唐印模

图253.隋代青釉水注（M11：10）

图254.隋代插器模型（M1：2）

图256.西晋青釉灶

图255.西晋青釉立鸟谷仓

图257.南朝青釉灶

图258.隋代青釉灶（M11：9）

局部偏青。除底部外通体施釉。通高6.5厘米，底板长7.6厘米、宽6.0厘米。

洪州窑生产的青瓷灶主要流行在西晋到隋代，隋代以后则少见。灶的造型由船形缩小为尖首船形，南朝灶非常精致，隋朝灶简单粗糙，最富有生活气息的要数南朝时期的灶。

5.耳杯，又称"羽觞"，乃因其形状似爵，两耳像爵之双翼而得名。古代一种饮器，用来饮酒，也可盛羹。椭圆形，两侧各有一弧形的耳。多为木胎涂漆，由于漆器制作工艺复杂且昂贵，西晋时出现瓷耳杯。

西晋时期——椭圆形耳杯，与同时期的漆器造型相同，杯体椭圆形，两侧突出把耳（图259），灰胎，青黄釉。左高2.3厘米、宽8.3、10.5厘米，右高2.5厘米、宽7.9、10.9厘米。

6.耳杯盘，模仿漆器造型。分弧腹盘和折腹盘两种类型，底足有平底、圆饼足和大平底的分别。

西晋时期——流行浅弧腹耳杯盘。两个耳杯置放在浅腹盘内底。盘，圆唇，侈口，弧腹，平底。青釉耳杯盘（图260），灰黄胎，青黄釉，釉面开冰裂纹。通高4厘米、盘口径18厘米、底径12厘米。

南朝时期——有弧腹和折腹耳杯盘两种形式。

弧腹耳杯盘——耳杯简化成船形，两侧的耳退化，杯体高于托盘。盘：圆唇，弧腹壁，小平底。南朝梁天监九年（510）墓出土青釉弧腹耳杯盘（图261），通高4厘米、盘口径18厘米、底径12厘米。灰胎，外壁满施青黄釉，釉面开冰裂纹，洪州窑工化腐朽为神奇，极具艺术感。

折腹耳杯盘——船形杯置于盘中央，盘：敞口，直壁，近底折腹，大平底。耳杯简化成船形，两侧的耳退化，杯体高于托盘。

隋代时期——弧腹耳杯盘。两个椭圆形小杯置放在盘内底。盘：侈口，弧腹，饼足状。吉水隋代"开皇廿年"2号纪年墓出土青釉耳杯盘（图262），深灰色胎，青褐色釉。施釉内满、外不及底。外底可见垫圈痕。通高3.4厘米、盘口径11.6厘米、底径6.2厘米。

7.盏盘，是南方地区特有，既用来饮酒又可作为饮茶器具的青瓷器，造型精美小巧，功能实用，流行于六朝隋唐时期的江西、福建。因在浅腹平底盘内环置四五个小盏而得名四盏盘、五盏盘。

南朝时期——主要流行五盏盘。盏盘：子口，似有盖，直壁，大平

图259.西晋青釉耳杯

图260.西晋青釉耳杯盘

図261.南朝青釉弧腹耳杯盘　　　　　　　　　　　　　図262.隋代青釉耳杯盘（M2：13）

底。内置5个大小相同的盏。盏：多口，腹稍深，圆饼足，盏口高于盘口。南朝青釉五盏盘（图263），灰色胎，除底足外全器口满施青黄釉，青绿色釉面柔润光亮，具有一种柔和淡雅的风格。通高4厘米、直径14厘米。

隋代时期——流行四盏盘和五盏盘两种类型。

四盏盘：盘作直口，浅弧腹，饼足微凹状，内有四个圆形小盏，盏口径3.4—4.0厘米。吉水隋代墓葬出土（图264），深灰色胎，青黄色釉，施釉内壁满、外壁不及底，脱釉严重。通高3.5厘米、口径11.0厘米、底径5.8厘米。

五盏盘：盘作直壁、小平底，内置五个圆形小盏。盏口径3.2—4.5厘米。吉水隋代"开皇廿年"11号纪年墓出土青釉五盏盘（图265），深灰色胎，青黄色釉。施釉内满、外不及底。通高3.7厘米、口径12.0厘米。

8.格盘：两晋至隋代流行。西晋格盘呈长方形，东晋时期出现圆形格盘代替长方形格盘，南朝时期圆形格盘出现子母口，隋代继之。

南朝时期——格盘多数分隔两圈，内三格，外六格，俗称九格盘。盘：直壁，平底。南朝青釉分格盘（图266），青釉泛黄色，盘内的分格墙较圆滑，使器体显得不呆板。高3.5厘米、直径13.8厘米、底径14.3厘米。

隋代时期——格盘粗制滥造，不见前期稳定的九格盘，出现六格和七格盘，制作随意。

六格盘：盘作直壁、饼足状，盘分作内外两区，外区分四格，内区二格。吉水隋代"开皇廿年"2号纪年墓出土青褐釉分格盘（图267），深灰色胎，青褐色釉。施釉内满、外不及底。外底可见垫圈痕。通高2.7厘米、口径11.0、底径5.8厘米。

七格盘：盘作直壁、方唇、圆底状。盘内分两区，内区分三格，外分四格。吉水隋代墓出土青釉分格盘

（图268），深灰胎，釉已全部脱落。施釉内满、外不及底。通高3.5厘米、口径11.6厘米。

9.水井，汉晋时期水井模型的造型基本相似，圆筒状井身，口部设人字形架，应是井口安置辘轳木架的象征。仓、灶、井等是自汉以来传统的明器，它是庄园经济时代特征的形象反映。纹样装饰各时期略有不同。

三国东吴——青釉人字形水井（图269），晶亮的青色釉面下刻划二组水波纹，犹如荡漾的一泓波光粼粼的小溪。通高24厘米、口径14厘米、底径13厘米。

西晋时期——青釉人字架井配置吊水桶。西晋元康七年（297）墓出土的水井（图270），弦纹施在井身的中部。通高17厘米。

10.茅厕，主要流行在西晋时期。茅厕形制多样，反映各地生活习惯和建筑有所不同。西晋青釉茅厕（图271）建筑物呈圆形，置扁平底板上，两面坡

屋顶，顶上四垂脊，勾划瓦栊。正面开门作半掩状，室内设粪坑和蹲坑。后墙底边开圆形狗洞，一狗正作钻入状。高10厘米、底径13厘米。

11.鸡舍，南方名窑大都烧制鸡舍模型，作品正是当时社会经济形态的生动反映。洪州窑青瓷鸡舍模型主要流行于西晋时期，造型分为平底和四足两种形式。

平底鸡舍：圆锥状，形似蒙古包。造型承袭东汉时圆形尖顶鸡舍的形状。顶塑动物，舍面镂一周条状细孔，可供采光和通气。从一个侧面反映了当时六畜的养殖状况。江西省博物馆藏青釉鸡舍（图272），灰胎，青黄釉。通高10厘米、直径12厘米。

四足鸡舍：身呈长圆鼓形，屋顶贴塑沟檐，正面镂两个大小相同的方形孔和条形台面，供鸡进出。这种家禽屋舍的设备更齐全，为避免潮湿，底部塑四个圆柱形短脚。江西省博物馆藏西晋青釉鸡舍（图273），通高12厘米、长11厘米。

12.鸭圈，圆形，直壁，平底，周身镂大小不一的长方形孔，间隙刻划叶脉纹，似将鸭圈置在阴凉的树丛中，凉风习习，禽类生活安逸。圈内三只形态各异、栩栩如生的鸭，正在等待主人的喂食，十分惹人喜爱，神态逼真。江西省博物馆藏西晋青釉鸭圈（图60），高6厘米、口径14厘米、底径10厘米。魏晋时期家畜养殖业兴旺，家禽、家畜大都采用圈养。

13.狗圈，碗状。碗内捏塑两狗，一只侧卧圈底作酣睡状，另一只睁目站立作看护状，竖耳，翘尾，警惕注视前方，神情严肃，生动传神。西晋青釉狗圈（图274-1，图274-2），灰胎，青黄釉。通高7.2厘米、口径15厘米、底径13厘米。

14.动物模型：中国古代一般将马、牛、羊、鸡、犬、豕（小猪）称为六畜。洪州窑生产许多六畜模型用于随葬，反映了汉六朝时期家禽、家畜兴旺的生活情景。这些鸡、马、羊、犬、猪雕塑，形态逼真、栩栩如

生。1992年，江西省文物考古研究所在清丰河第一地点调查时，采集1件东汉晚期瓷塑狗，造型生动，神态逼真，釉层全部剥落，表明东汉时期洪州窑已经开始制作这类动物瓷塑。这些动物模型以西晋时期最为流行。

西晋青釉狗（图275），狗呈四脚站立状，头微抬，短尾，短脚，身躯圆短显肥胖。高5.7厘米、长10厘米、脚宽4.2厘米。

西晋青釉马（图56），马作四脚站立、抬头负重状。背上鞍荐前套马颈、后套马后腿，显示出一副准备长途跋涉的状态。灰白胎，外表刷一层薄釉，釉呈淡青绿色。高13.1厘米、14.3厘米、脚宽6.5厘米。

瑞昌码头西晋墓出土青釉象（图276），四脚站立、头低垂，尾巴卷贴于后部。头部及背部刻划纹饰，眼睛点褐彩，起画龙点睛的作用。高12厘米、脚宽5.9厘米。

图263.南朝青釉五盅盘

图265. 隋代青釉五盅盘（M11：11）

图266. 南朝青釉分格盘

图264. 隋代青釉四盅盘（M5：3）

图267. 隋代青褐釉分格盘（M2：14）
图268. 隋代青釉分格盘（M5：2）

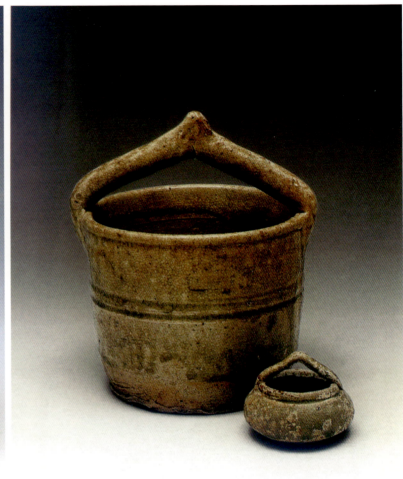

图269.三国青釉人字形水井　　　　　　　　　　　　　　图270.西晋青釉人字形井与吊桶

图271-1.西晋青釉茅厕　　　　　　　　　　　　　　　　图271-2.西晋青釉茅厕

图272.西晋青釉鸡舍   图273.西晋青釉鸡舍

图274-1.西晋狗圈

图274-2.西晋青釉狗圈

图275.西晋青釉狗

图276.西晋青釉象

第四章

洪州窑瓷器的流布

洪州窑窑场的生产时间长，生产区域范围广，产量巨大，产品丰富，那么生产的产品销售情况咋样呢？根据相关的研究我们知道：江西地区是洪州窑瓷器销售的主要区域，迄今在大余县、信丰县、赣县、赣州城区、于都县、宁都县、兴国县、吉安县、永丰县、峡江县、黎川县、新干县、樟树市、丰城市、宜春城区、抚州城区、高安市、南昌县、南昌城区、新建县、靖安县、永修县、修水县、鄱阳县、九江县、瑞昌市等广大范围内的东汉晚期至晚唐五代时期墓葬中，均有洪州窑窑场烧造的瓷器出土。

萍乡东汉永元八年（96）和永元十五年（103）墓出土的青釉罐[1]和南昌市郊东汉墓出土的青釉洗、四系罐、杯[2]。这些青釉瓷器与丰城洪州窑窑场东汉时期的同类器相同。

1964年南昌南郊三国东吴"永安六年"墓[3]、1964年南昌南郊徐家坊三国东吴墓[4]、1975年新建昌邑三国东吴墓[5]、1978年南昌小蓝三国东吴墓[6]、1979年南昌三国东吴高荣墓[7]、1986年樟树山前三国东吴墓[8]等出土了三国东吴时期的洪州窑青瓷器。

西晋时期墓葬出土的洪州窑瓷器较多，主要分布在南昌城区、靖安县、瑞昌市、宜丰县、樟树市、峡江县、鄱阳县和新干县等地。比较重要的墓葬有：靖安西晋"太康九年校尉□□墓"[9]、1972年瑞昌马头西晋墓[10]、1977年宜丰潭山西晋墓[11]、1982年峡江巴邱西晋墓[12]、1983年鄱阳西晋"太康二年"

[1]江西省萍乡市博物馆藏品，资料待刊，承蒙萍乡市博物馆邹松林馆长提供资料。
[2]陈文华：《南昌市郊东汉墓清理》，《考古》1965年第11期。
[3]秦光杰：《江西南昌市郊永安六年墓》，《考古》1965年第5期。
[4]江西省文管会：《江西南昌徐家坊六朝墓清理简报》，《考古》1965年第9期。
[5]江西省历史博物馆考古队：《新建昌邑东吴墓》，《文物工作资料》1976年第2期。
[6]南昌县博物馆：《江西南昌县三国吴墓》，《江西文物》1989年第1期。
[7]刘林：《南昌市东吴高荣墓的发掘》，《考古》1980年第3期。
[8]傅冬根：《清江山前东吴墓》，《江西历史文物》1986年第2期。
[9]陈定荣等：《靖安虎山西晋、南朝墓》，《江西历史文物》1985年第2期。
[10]程应林：《江西瑞昌马头西晋墓》，《考古》1974年第1期。
[11]江西省历史博物馆考古队：《宜丰潭山清理一座西晋墓》，《文物工作资料》1977年第2期。
[12]赵国祥，毛晓云：《峡江清理两座古墓》，《江西历史文物》1986年第2期。

墓[13]、1983年新干西晋墓[114]、1984年九江市西晋墓[15]。

出土东晋时期洪州窑瓷器的墓葬更多，重要的纪年墓葬有：1980年九江城区"大兴三年"东晋墓[116]、1964年清江县（现为樟树市）洋湖"升平元年丁巳岁""永和十二年丙辰岁七月廿""永和五年八月初立""永康二年九月五日桂氏"等纪年墓[117]、1966年抚州城区"永和四年"东晋墓[118]、1984年兴国东晋墓[119]。

江西各地发现的南朝时期墓葬几乎都出土有洪州窑青瓷器，重要的纪年墓葬有：修水"永初二年吉"墓[20]、清江县"梁大同三年""泰始六年聂墓"[21]"元嘉廿七年""建武三年""永明六年""永明十年"墓[22]"至德二年"墓[23]、赣县"宋元嘉七年""宋元嘉七年胡氏""七年大岁庚午"纪年墓[24]和"建武四年""方建武四年""齐建武四年七月"纪年墓[25]、宁都"大同七年八月墓"[26]、吉安"齐永明十一年墓"[27]、永修"梁天监九年""天监九年太岁庚寅次氏"纪年墓[28]、兴国"梁天监十六年大岁丁酉"纪年墓[29]、上高县"元嘉九年六月造"纪年墓[30]。

江西各地隋代墓葬普遍发现有洪州窑瓷器，比较重要的纪年墓葬有：樟树黄金坑"开皇十年""开皇十八年""大业十年"纪年墓[31]、樟树上阳水库"开皇十六年"纪年墓[32]、樟树洋湖村树槐"大业七年"纪年墓[33]、新建乐化隋墓[34]、黎川黎溪"开皇十一年""开皇十四年"纪年墓[35]。

江西唐、五代的墓葬相对较少发现，但在会昌县[36]、南昌城区、赣州城区、黎川县[37]、九江城区[38]、赣县[39]、瑞昌市[40]、宜春城区[41]等地的墓葬中仍出土有大量洪州窑窑场生产的瓷器。

而且在江西这个阶段的墓葬中极少发现江西地区以外窑场生产的产品，洪州窑瓷器几乎占据了江西的市场。

洪州窑瓷器不仅在江西境内普遍被发现，大量出土于各地汉晋至隋唐时期的墓葬中，而且其青瓷产品遍及

[13]唐山：《江西波阳西晋纪年墓》，《考古》1983年第9期。
[14]江西省文物工作队：《江西新干县西晋墓》，《考古》1983年第12期。
[15]九江市博物馆：《九江市郊发现一座晋墓》，《江西历史文物》1984年第1期。
[16]吴水存：《九江市发现一座东晋墓》，《江西历史文物》1981年第2期。
[17]江西省文物管理委员会：《江西清江洋湖晋墓和南朝墓》，《考古》1965年第4期。
[18]余家栋：《江西抚州镇东晋墓》，《考古》1966年第1期。
[19]兴国县革命历史博物馆：《兴国县发现东晋墓和南朝纪年墓》，《江西历史文物》1984年第2期。
[20]江西省文物管理委员会：《江西修水发现南朝墓》，《考古》1959年第11期。
[21]江西省博物馆考古队：《江西清江南朝墓》，《考古》1962年第4期。
[22]清江县博物馆：《清江县山前南朝墓》，《江西历史文物》1981年第1期。
[23]清江县博物馆：《清江经楼南朝纪年墓》，《江西历史文物》1983年第4期。
[24]赣县博物馆：《赣县发现南朝宋墓》，《江西文物》1989年第1期。
[25]薛尧：《赣县南朝齐墓》，《江西历史文物》1982年第4期。
[26]《江西宁都发现南朝梁墓》，《文物》1973年第1期。
[27]平江、许智范：《江西吉安县南朝齐墓》，《文物》1980年第2期。
[28]杨厚礼：《江西永修南朝梁墓》，《考古》1984年第1期。
[29]兴国县革命历史博物馆：《兴国县发现东晋墓和南朝纪年墓》，《江西历史文物》1984年第2期。
[30]上高县博物馆：《上高县清理三座南朝墓》，《江西历史文物》1983年第4期。
[31]江西省文物管理委员会：《江西清江隋墓发掘简报》，《考古》1960年第1期。
[32]江西省文物管理委员会：《江西清江上阳水库发现隋代墓》，《考古》1976年第1期。
[33]清江县博物馆：《江西清江隋墓》，《考古》1977年第2期。
[34]《新建县清理隋墓一座》，《文物工作资料》1975年第4期。
[35]杨鑫根：《黎川县黎溪纪年墓》，《江西文物》1990年第3期。
[36]会昌县博物馆：《会昌县西江隋唐墓》，《江西文物》1990年第1期。会昌县博物馆：《会昌县西江发现一座五代墓》，《江西历史文物》1987年第2期。
[37]薛尧：《江西南昌、赣州、黎川的唐墓》，《考古》1964年第5期。
[38]吴圣林：《九江市发现一座唐墓》，《江西历史文物》1982年第4期。
[39]赣县博物馆：《江西赣县梅林唐墓清理简报》，《南方文物》1994年第3期。
[40]瑞昌市博物馆：《江西瑞昌丁家山唐墓清理简报》，《南方文物》1995年第3期。
[41]江西省文物考古研究所：《宜春下浦坝上古墓群发掘报告》，《江西文物》1991年第2期。

全国各地，流布到东达江苏、浙江，西及广西，南至广东，北及陕西、山东、河南等9个省、市、自治区的广大地区。

浙江江山隋开皇十八年墓出土莲花纹青瓷碗、隋大业三年墓出土的青瓷印花钵、唐高宗上元三年墓出土的多足砚[42]，南京郊区东晋墓出土的青釉褐彩碗、褐彩器盖、鸡首壶[43]，南京赵士岗南朝墓出土的莲瓣纹青瓷碗、南京通济门外南朝墓出土的莲花纹盘[44]，广西钦州隋墓出土的印花青瓷钵[45]，广东封川隋墓[46]、韶关隋大业六年墓[47]和英德含光镇墓[48]出土的印花青瓷钵，陕西西安郭家滩隋大业七年田德之墓、大业十二年田行达墓出土的青瓷多足砚[49]、西安隋墓出土的青瓷高足杯[50]、河南洛阳郑开明墓出土的青瓷印花钵[51]、郑州上街唐墓出土的青褐釉重圈纹杯[52]，安徽亳县隋墓出土的高足盘[53]、湖北武昌马房山隋墓出土的印花青瓷高足盘[54]，湖南长沙城郊南朝隋代墓出土的青瓷高足杯、盘托三足炉、水盂等[55]，长沙赤峰唐墓出土的青瓷四系罐[56]等。出土的这些青釉瓷器的形制、胎、釉、装饰特征均与同时期洪州窑遗址出土的同类器相同，应该就是洪州窑窑场烧制的产品。

由上可以看出，在东晋之前洪州窑产品的主要市场是江西本省，销往江西以外地区约始于东晋时期，一直延续至唐代中期。东晋时期省外出土洪州窑瓷器的地点见于南京等地，数量不多。南朝时期出土的地点和数量有所增加，多发现于南京地区，福建、湖北、安徽地区也有少量的发现。此外，北方地区也开始有洪州窑瓷器出土，如河南洛阳出土的青瓷莲花纹碗。值得注意的是，南朝时期洪州窑的瓷器已经走出国门，远销到了韩国。韩国忠清南道天安市龙院里和公州市百济武宁王陵都见有洪州窑瓷器出土。隋代洪州窑瓷器的出土数量较南朝时期又有增多，分布的范围也比较广，在江苏、浙江、安徽、湖北、广东、广西和陕西等省、自治区的隋代墓葬或城址中均有发现。唐代早中期出土的数量也较多，主要见于湖北、河南等省的唐墓中，以湖北武昌发现的最多。

在向外流布的地点附近或不远处有瓷窑场，有的甚至还是名窑窑场，如南京之南不远处与浙江附近有越窑、合肥之北不远处有寿州窑、武昌之南不远处和长沙附近有岳州窑等，这几处窑场均是陆羽在《茶经》中所提及的唐代青瓷名窑。洪州窑青瓷产品能打进其他瓷窑尤其是名窑的主要销售区域，说明它在市场上具有较强的竞争能力，深受人们喜爱。流布出去的瓷器质量好，均是洪州窑的代表作品，从目前报道的资料来看主要是以点彩器、莲瓣纹碗、莲花纹盘、戳印花纹钵、多足砚、高足盘、重圈纹杯等有花纹装饰的器物为多。

洪州窑瓷器大量销售在江西地区不足为奇，本地窑场的产品大批在本地区销售，商品生产采取就近销售的原则，在当时各窑场大体如此。可是本地瓷窑的产品销往外地的情况，在当时交通条件不是很先进的时候，各窑场就不一样了。洪州窑瓷器之所以能较多地销往江西以外地区，说明洪州窑青釉产品具有很强的竞争能力，

[42]江山县文管会：《浙江江山隋唐墓清理简报》，《考古学集刊》第3集，1983年。

[43]南京市博物馆考古组：《南京郊区三座东晋墓》，《考古》1983年第4期。

[44]南京博物院：《江苏六朝青瓷》，文物出版社，1980年。

[45]广西壮族自治区文物工作队：《广西壮族自治区隋唐墓》，《考古》1984年第3期。

[46]广东省文管会：《广东封开县江口汉墓及封川隋墓发掘简报》，《文物资料丛刊》第1集，文物出版社1979年。

[47]广东省文管会：《广东韶关六朝隋唐墓清理简报》，《考古》1965年第5期。

[48]徐恒彬：《广东英德含光镇南朝隋唐墓发掘》，《考古》1963年第9期。

[49]陕西省博物馆：《陕西省博物馆收藏的九件砚台》，《文物》1963年第7期。

[50]中科院考古研究所西安工作队：《西安郊区隋唐墓》，《中国田野考古报告集》丁种18号。

[51]洛阳市文物工作队：《洛阳发现郑开明二年墓》，《考古》1978年第3期。

[52]河南文化局文物工作队：《郑州上街区唐墓发掘简报》，《考古》1960年第1期。

[53]安徽省文物工作队：《安徽亳县隋墓》，《考古》1977年第1期。

[54]武昌市博物馆：《湖北武昌马房山隋墓清理简报》，《考古》1994年第11期。

[55]湖南省博物馆：《长沙南郊的两晋南朝隋代墓葬》，《考古》1965年第5期。

[56]湖南省博物馆：《长沙赤峰山二号唐墓简介》，《文物》1960年第3期。

深受当时人们喜爱，在唐代天宝年间一度作为贡品被载入史册，不少佳作受到上层社会的喜爱。如前所述《新唐书》105卷《韦坚传》载："韦坚，京兆万年人……天宝元年三月擢为陕郡太守，水陆运使。……穿广运潭，以通舟楫，二年而成。坚预于东京汴梁取小斛底船三百只，置于潭侧，每舟署某郡，以所产暴陈其上。若广陵则锦、铜器、官端绫秀……豫章力士瓷、饮器、茗铛、釜……船皆尾相衔进，数十里不绝。关中不识连樯挟橹，观者骇异。"这里说的豫章名瓷应该是洪州窑的产品，这样规模庞大的土特产贡品展示，名瓷独举洪州窑瓷器，说明洪州窑当时确已升格到贡品瓷的地位，驰名中国南北大地。

洪州窑的青瓷产品除在国内销售以外，甚至远销东亚、西亚一带，颇受南朝鲜、伊斯兰人群的喜欢，洪州窑青釉瓷中的重圈纹杯、高足杯、六字形把手杯的造型、纹样与唐代长安城出土的金银器相同，这些应是对波斯萨珊王朝凸纹玻璃杯和金银器的模仿，而模仿西亚金银器的青瓷产品可能正是销往西亚地区的。洪州窑的所在地洪州（南昌）在隋唐时期就常有胡人出没，甚至有专门的胡人生活场所，如《太平广记》·卷411·《阆州莫徭》：阆州莫徭因好心救一老象而得到一支象牙，"载到洪州，有商胡求卖。累自加值，至四十万。寻至他人肆，胡遽以苇席覆之。他胡问是何宝，而辄见避，主人除席云：'止一大牙耳。'他胡见牙色动，私白主人。许酬百万。又以一万为主人绍介。俟各罢去。顷间，荷钱而至。本胡复争之云：'本买牙者我也。长者参市，违公法。主人若求千百之贯，我岂我耶。往复交争。遂相殴击。

所由白县，县以白府。府诘其由，胡初不肯以牙为宝。'府君曰：'此牙会献天子，汝辈不言，亦终无益。'胡方白云：'牙中有二龙，相躆而立，可绝为筒。本国重此者，以为货，当值数十万万，得之为大商贾矣。'洪州乃以牙及牙主二胡并进之！天后命剖牙，果得龙筒"。《太平广记》中屡有洪州商胡事的记载，从有关记载可以看出唐代洪州有专门管理胡商的人员或机构，对胡人提供必要的保护！洪州商胡事，从乐平南窑生产的具有外销中亚与西亚的青釉或青褐釉外销瓷器看极大可能性，比如南宋为满足胡人所需，而专门烧造或订烧的唐代中晚期青釉、褐釉腰鼓（图277）和夹耳盖罐、穿带瓶、器型硕大的大碗窥见一斑。腰鼓又名拍鼓，原为西域少数民族的一种打击乐器，器型硕大的大碗与汉民族使用习俗明显有

图277.乐平南窑出土酱釉腰鼓

图278-1.韩国天安龙院里出土洪州窑南朝青釉莲瓣纹碗

图278-2.韩国出土青釉盏

图278-3.韩国出土青釉盏

图278-4.韩国出土中国青釉盏

别。这些彰显了唐代赣鄱与西域地区文化交流频繁的史实。丰城博物馆收藏的一件洪州窑东晋香熏上更有一组胡人拍打腰鼓的物像图，说明其时中西交流的频繁。

洪州窑青瓷产品还传布到韩国等东亚地区，在韩国忠清南道天安市龙院里出土1件洪州窑南朝时期的青釉莲瓣纹碗（图278-1），韩国忠清南道公州市百济武宁王陵出土的6件中国南朝时期的青釉盏，百济武宁王陵是第25代百济武宁王（462—523）的陵墓，武宁王于501年即百济王位，502年北梁武帝授

为征东大将军，521年遣使奉表，自称累破高句丽，梁武帝改授"使持节、都督百济诸军事、宁东大将军、百济王"，墓葬出土随葬品较多，其中9件青釉瓷器分别为盖罐、瓶、碗、盏，盏占青釉瓷器大部分（图278-2、3、4），多达6件，从胎釉特征、装饰方法与南朝时期李子岗洪州窑窑场生产的同类器相同，应该是洪州窑窑场生产的。洪州窑窑业并且对韩国、日本的制瓷业产生过较大影响，在当时形成了一个巨大的洪州窑系。

洪州窑瓷器在江西地区和江西地

区以外地区的销售主要通过水路来进行。江西地区省内洪州窑瓷器的运输，装船进入赣江，通过鄱阳湖沟通赣江之外的四大水系，经水路由支流或陆路可以到达江西大部分地区。1984、1986年，丰城县文物工作者在赣江先后两次打捞出22件东汉晚期的青褐釉瓷器，这些瓷器釉色鲜润，形制规整，釉面光泽晶莹，从造型、胎质、釉色、纹饰和烧制工艺方面鉴定，属于洪州窑早期东汉丰城港塘洪州窑窑场的产品[57]。虽然对于这批出水瓷器的时代，有学者认为是可能晚至三国东吴时期。不管是东汉

[57]万德强、吕遇春：《赣江河床打捞的沉船瓷器》，《江西历史文物》1987年第2期。

晚期还是三国东吴时期的，赣江沉船洪州窑瓷器的发现，证实了洪州窑产品是通过赣江销售到江西各地的。洪州窑产品运往外地也是通过赣江，往北进入鄱阳湖，入长江，西连川蜀，东接江淮，扩散江浙，还可借大运河通达北方中原等地。向南出省则为逆赣江，至赣江上游，过虔州（今赣州），陆路转运，翻越大庾岭梅关，入南雄浈江（今北江），转珠江，过韶关，至广州，或继而转向广西。江苏镇江城市考古中发现有洪州窑东晋、南朝和隋唐时期的青釉大平底褐彩钵、莲瓣纹盘、罐、碗等[58]。唐代扬州位于长江与运河的交点，手工业发达，物产丰富，拥有得天独厚的地利。1975年，在江苏扬州西门外发现唐代扬州"罗城"遗址，随后发掘出了大批唐代遗物，其中最重要的收获之一就是出土了大批陶瓷器残片，除了浙江越窑、湖南长沙窑、江西景德镇窑的陶瓷产品，还有洪州窑的青瓷

器[59]。广州是唐朝对外贸易的中心，瓷器是当时最主要的出口商品，而"广州的瓷器出口仰给于洪州"[60]，尤其是大庾岭商道开通以后，每年都有大量瓷器南下广州漂洋过海，洪州窑的瓷器应该通过这条大商道销往岭南或海外。

由此可以看出，江西地区是洪州窑瓷器销售的主要地区，从南到北都有出土，覆盖面大，时间从东汉晚期到晚唐五代时期，贯穿洪州窑的全部生产过程。洪州窑的产品除大量销售江西地区以外，还较多销售于江西以外地区。洪州窑青瓷向江西地区以外销售的时间，始于东晋时期，一直延续到唐代中期，正值洪州窑的兴盛辉煌期。洪州窑瓷器流布的范围较广，南到广东、广西，北到郑州、洛阳、西安一线，东到浙江，西至湖北、四川，流传到至少9个省、市、自治区，并且传到了韩国。流布的地点，除一般的城镇外，还有东晋南朝时期的都

城建康（今南京）、隋唐时期的都城长安（今西安），以及隋唐时期的著名港口城市扬州与广州市，甚至还有韩国的公州市、天安市。南京、武昌可能分别是东晋南朝、隋至中唐时期比较大的洪州窑集散地[61]。流布在江西地区以外的洪州窑瓷器主要是东晋时期点彩香熏、点彩高柄灯，南朝时期盘口壶、鸡首壶、莲瓣纹碗、莲瓣纹盏、莲花盘、莲瓣纹盏托、莲瓣纹五盅盘，唐代重圈纹杯等具有装饰纹样、质量较高的洪州窑代表性瓷器。洪州窑瓷器之所以受到这些地区的欢迎和喜爱，一是具有自己鲜明的特点、较高的质量。二是与其他窑场同时期的同类器相比，产品不同或者不大相同，造型端庄大方、做工精细。三是纹样装饰具有自身特点，尤其是莲瓣纹、莲花纹的制作技法多样，有划花、刻花、刻剔花，表现形式富有变化、美观、清新，装饰效果颇佳。

[58]王书敏：《镇江城市考古出土六朝瓷器散论——兼谈生活用瓷与丧葬用瓷》，《南方文物》1995年第4期。
[59]王勤金：《扬州出土的唐宋青瓷》，《江西文物》1991年第4期。
[60]陈为民：《试述唐代江西商业的繁荣》，《南方文物》1998年第4期。
[61]权奎山：《洪州窑瓷器流布初探》，《中国历史文物》2008年第3期。

第五章 洪州窑的突出工艺成就

洪州窑产品之所以能够销售范围如此广泛，受到不同地区不同阶层人们的欢迎，洪州窑之所以能够取得如此的成就，不仅在于当地拥有丰富的瓷土资源、充裕的柴薪燃料和便利的交通运输等优越条件，而且更为关键的是洪州窑工匠们能够与时俱进、锐意进取、勇于革新，善于吸收和总结当时先进的生产工艺和技术，在制瓷工艺方面，和同时代的其他窑场相比，具有个性鲜明的特征，有许多工艺走在同时期窑场的前列，有许多创新，比如较早地掌握了成熟青釉瓷的生产、点彩装饰技法、火照的使用、芒口装烧技法、匣钵装烧方法、镂花玲珑技法、高超的筑窑和烧成技术、化妆土的运用等制瓷工艺，这些窑业技术不仅全面提高了青瓷的产量和质量，而且对促进古代陶瓷业的发展有着重要意义，在中国陶瓷史上留下了辉煌的一页。

（一）青釉瓷器的成功烧制

瓷器是我国东汉时期创造的一项重要发明，是中华民族文化遗产中的瑰宝，是中华民族对世界物质文化的巨大贡献，瓷器是连接中外文化和交流的纽带，以至"中国"与"瓷器"的英文拼写CHINA竟然一样，由此可见瓷器在中外交流中的重要性。瓷器的发明，既便利了生活，又美化了生活；既满足了精神的需求，又满足了物质的需求。所以，瓷器一经出现，就获得人们的喜爱，成为人们日常生活中最为常用的器具之一。瓷器用瓷石和高岭土做坯，在1200°C左右的高温中烧成，胎体坚硬、致密，不吸水，胎体外面罩施一层釉，釉面光洁、不脱落、不易剥离。釉层表面光滑、不吸水，接触污物后容易洗净，还可在高温中消毒，清洁卫生。坯泥具有可塑性，可以做成各种形状的器物，便于满足人们各方面的需求。随着社会的发展进步，瓷器的品种愈来愈多，应用的范围越来越广。瓷器艺术性越来越高，具有可塑性的瓷器，还可以用刻、划、镂、雕、印、贴、堆塑、彩绘等各种技法进行美化。然而瓷器起源于何时？多数学者认为我国到东汉时期已能烧制相当成熟的青瓷。在中国文字史上，第一次出现"瓷"字，见于晋人吕忱的字书《字林》。"瓷"字的出现，说明在晋代瓷器已大量生产。晋代·潘岳还有《笙赋》歌颂了瓷，赋中曰："披黄苞以梭甘，倾缥瓷以酌酃。"说明晋代瓷器比较常见，也表明瓷器的发明应在晋代之前，因为，只有先有了产品然后才能有文字记载。我国著名古文字学家唐兰先生研究指出，湖南长沙马王堆一号墓竹简上的"资"，就是一种用瓷土做胎，器表施有褐色或者黄绿色釉，烧成温度较高的釉质硬陶器物，也即是今天我们所称的"瓷"字[1]。

考古资料表明，最早出现的瓷器是青釉瓷，浙江宁绍地区大约在东汉中晚期就能烧造成熟的青釉瓷器，成为世界上最早发现的瓷器发源地，这是学界多年探索取得的成绩，已为大多数学者所共识。随着考古工作全面开展和科学探索工作的扎实推进，在其他的一些地区相继发现早期青瓷的实物标本、窑业堆积、制瓷手工作坊及窑炉遗迹。

1983年，丰城县文物工作者在丰城石滩乡港塘新村和故县村寺背发现了东汉、三国、晋、南朝时代的青瓷窑址，采集的青瓷器有罐、釜、盆、壶、钵等。其中青瓷釜、罐等施酱褐釉不及底，外腹部多装饰斜方格纹、麻布纹等。1992年9月、2004年3月，江西省文物考古研究所、北京大学考古文博学院先后对港塘窑址作过2次考古发掘。尤其是2004年在港塘陈家山洪州窑遗址揭露清理斜坡式长条形龙窑遗迹2座，出土的遗物非常丰富，有酱褐釉瓷、青釉瓷、印纹硬陶以及泥质灰陶，以酱褐釉瓷为大宗，占出土总量的一半以上。酱褐釉瓷器有双唇罐、盘口壶、釜、瓿、大缸、罐、大口罐、直口罐、盆、

钵、灯盏以及瓷塑龟、牛等，这类瓷器胎色较深，多呈深灰色，个别也有浅灰色的。琢器类口沿及外腹壁不及底施釉，圆器类小件器物则为内壁满釉外壁不及底施釉。釉多呈酱褐色，但色调不一，有的酱褐色泛黑、泛黄、泛青，甚至泛绿色。釉层总体较薄，有的厚薄不匀，有的则较均匀。酱褐釉瓷器多数采用泥条盘筑法制成，器物的口沿及外腹壁则采用慢轮修整，特别是器口沿部常见有规整细密的旋修痕，内壁留下凹凸不平的泥条盘筑垫窝痕。外腹壁装饰有铜钱纹、网格纹、方格纹、水波纹及弦纹。青釉瓷器有罐、壶、钵、碗、盏、杯、盘、高足盘、盅、烛台、灯盏等。胎质灰或灰白，以灰白色为主，釉呈青或青泛绿色，出土数量不多，采用锯齿状间隔具或环形三足间隔具装烧，偶尔见垫珠间隔装烧。器物采用拉坯法成型，有别于酱褐瓷与陶器，胎壁均匀，胎泥的陈腐时间较长，属于产品质量较为精致一族。器物的装饰简朴，以素面为主，有的在器物口唇施褐色点彩，偶见外腹壁饰弦纹或刻划莲瓣纹。考古发掘表明港塘陈家山洪州窑遗址是一处以烧制罐、釜、碗、盘、盘口壶、双唇罐等日常生活用具为主的综合性窑场（图279），该窑场的生产上限在东汉晚期，下限晚至东晋南朝时期，集中烧瓷时间主要在东汉末至三国西晋时期。产品以酱褐釉瓷为主，印纹硬陶次之，适量烧造一些精致的高档青釉瓷，这三种类型的产品是在同一龙窑窑炉中烧造的。这不仅揭示了洪州窑的早期烧造历史和始烧年代，并且与罗湖一带西晋至

晚唐五代诸洪州窑窑场具有承前启后、因袭相沿的密切关系，可以断定它就是坐落在丰城境内并驰誉中外的唐代"洪州窑"的早期窑场。

2002年，江西省文物考古研究所、北京大学考古文博学院会同丰城市博物馆，对赣江北岸新近发现的曲江镇郭桥缺口城西门东汉晚期青瓷窑址进行了考古复查与试掘。郭桥缺口城洪州窑遗址位于缺口城西门坡地上，窑床与赣江相遥望，相距约1公里。缺口城揭露的东汉龙窑遗迹依山而建，平面呈长方形，窑头邻近稻田，窑尾被附近紧靠的明清墓群叠压，窑床底层包含物有东汉支烧直筒状窑具，以及青瓷釜、瓿、盆和双唇罐等。根据遗物推断，缺口城洪州窑窑场始烧于东汉，与石滩港塘洪州窑窑场的时代相当。

丰城石滩乡港塘、寺背以及曲江镇缺口城洪州窑遗址的考古调查与发掘，证实了江西青瓷器的烧造真正"始于汉世"，虽然《浮梁县志》记载"新平冶陶，始于汉世"，但是目前景德镇地区没有发现汉代的瓷窑遗存，而丰城洪州窑遗址发掘出土的东汉晚期青釉瓷，器类主要是钵、盆、盏等日常生活用品，这些产品制作规整端正，胎质细腻坚硬，胎色灰白，釉质光亮滋润，色调柔和，以青、青绿或青灰色为主。从胎釉特征和物理测试的结果来看，符合现代意义瓷器的标准，是成熟的青釉瓷器。南昌、萍乡、婺源等地东汉墓出土的青釉瓷器与窑址出土标本胎釉能够相对应，表明丰城洪州窑生产的瓷器主要是销往古代的洪州附近地区。虽然这时

---

[1]湖南省博物馆：《长沙马王堆一号汉墓》，文物出版社，1973年。

图279.陈家山窑址出土遗物

期的青釉瓷器仍然保留许多印纹硬陶的特征，处于原始阶段，洪州窑遗址青釉瓷器的成功烧成，表明江西丰城地区与浙江宁绍、湖南湘阴地区都是我国早期青釉瓷器的发源地[2]，也印证了真正成熟瓷器的出现始于东汉，标志着我国陶瓷业进入了一个新的历史阶段，完成了由陶器向成熟青瓷的历史跨越，具有划时代的贡献，比欧洲早1000多年。瓷器的发明是中国人民对世界文明的重大贡献。但丰城地区青釉瓷的发展道路似乎与浙江地区有所不同，浙江地区的青釉瓷器是经由陶器→硬陶器→原始瓷器→青釉瓷器的发展之路，而丰城地区青釉瓷的起源似乎是经由陶器→硬陶器→泥条盘筑褐釉器→拉坯成型褐釉器→青釉瓷器的发展途径[3]，两地青釉瓷器起源的路径不同，应是多点起源论的体现。

诚如中国古代文明中心由黄河流域一元化扩大为黄河流域、长江流域多元化一样，青釉瓷的起源完全可能走多元化的道路，在不同的地区同时或基本同时出现，呈现多元化和多渠道的特征。

（二）发达的窑炉技术

瓷窑的窑业技术不仅包含产品的造型、胎釉及纹样装饰特征等，还包括物的烧造过程。因为产品的最终形成离不开烧成，没有烧成这一火的洗礼，产品的这些外在特征仍旧处在半成品的阶段，而器物的烧成就离不开窑炉。

东汉时期之所以能烧成瓷器，与当时的窑炉砌造技术有了提高是密切相关的。《陶雅》中说："瓷器之成，窑火是赖。"截至目前的考古资料，自发现洪州窑遗址以来，各级文物工作者在洪州窑遗址分布范围区域共调查发现和考古清理了不同时期的窑炉多达24座，分为龙窑窑炉和马蹄窑两种类型，其中3座马蹄窑，21座龙窑窑炉遗迹，表明洪州窑窑场产品的烧造主要是采用龙窑窑炉烧制而成。

1. 龙窑窑炉

龙窑是江南地区古代普遍采用的烧瓷形式，由于窑身为长条形，依山傍丘倾斜构筑，犹如一条火龙自下而上，因而有"龙窑"之称。也像一条向下爬行的蜈蚣或蛇，因此也有叫蜈蚣窑或蛇窑的。

[2]北京大学考古文博学院等：《洪州窑发掘报告》，文物出版社待刊。
[3]江西省文物考古研究所等：《丰城港塘陈家山洪州窑遗址考古发掘的主要收获》，《中国古陶瓷研究》第12辑，紫禁城出版社，2006年。

龙窑由于有一定的倾斜度，燃烧室设在窑头，火焰由低向上，火烟经窑尾排出，产生一种自然的抽力，使窑温可达1200°C以上，便于对陶瓷的烧成温度和气氛掌握利用。龙窑的主要优点是：建在山上，地势高，不受地下水的影响。有一定的倾斜度，可省工。使用木柴，就地取材。土地得到合理的利用。升温快，降温也快，可以速烧；同时龙窑有容量体积大，热效率高，燃料省，单件产品造价成本低等诸多优点。

早在商代，江西樟树吴城遗址和鹰潭角山窑址就出现了烧制印纹硬陶和原始瓷的龙窑窑炉[4]，唐五代时期江西汤周窑[5]、宋元时期江西湖田窑[6]、南丰白舍窑[7]、吉州窑[8]、七里镇窑[9]都采用龙窑窑炉烧造瓷器。可见龙窑也是江西地区古代烧瓷的主要形式。

根据1995年的全面细致调查[10]，洪州窑遗址调查发现12座龙窑遗迹，时代分别为东汉晚期、东吴时期、南朝、隋代、隋唐时期。其中在港塘新村洪州窑遗址（本文称为陈家山洪州窑遗址）发现东西向并排设置的三座东汉晚期龙窑遗迹，左右两座仅能看出痕迹，中间一座纵向被挖掉1/2多，长约10米余，宽约2米，烧结面厚约5厘米左右。在郭桥缺口城洪州窑遗址南部发现一座依山坡而建的南朝时期龙窑横断面遗迹，宽2.3米、残高0.25米，烧结面厚5厘米。罗湖象山洪州窑遗址南部发现一座隋代龙窑遗迹，烧结面厚3厘米。在港塘清丰河（本文称清丰河第一地点洪州窑遗址）、港塘小学前（即港塘小学洪州窑遗址）分别发现东汉晚期东吴时期的龙窑遗迹。在罗湖寺前山、对门山、尚山、乌龟山洪州窑遗址分别发现隋唐时期的龙窑遗迹。2000年复查丰城市梅林乡大江村鹅头山洪州窑遗址，在西段窑址发现一座龙窑，室向朝北，仅东壁挖开一小段。从地表观察，该窑床保存较好[11]。

考古发掘清理的龙窑遗迹9座：1979年在罗湖寺前山清理了2座唐代龙窑窑炉遗迹[12]，其中一座较为完整，窑床依山而建，窑向北偏东30°。全长18米、宽1.8米、窑壁残高0.7米。窑头采用卵石、匣钵和瓷片铺底。窑床底部利用自然土夯筑，经过釉汁渗透与高温焙烧，形成厚约8厘米的烧结层，甚为坚实。窑底残存有匣钵、碗、罐、砚和杯等器物。窑头隔墙用砖叠砌。砖宽约24—25厘米、厚端7.5厘米、薄端5厘米。1992—1995年在罗湖寺前山和象山洪州窑遗址分别清理出3座不同时期的龙窑[13]，其中2座属于唐代，1座是隋代。2002年，江西省文物考古研究所、北京大学考古学文博学院会同丰城市博物馆，在缺口城清理一座龙窑遗迹，平面呈长方形，窑向北偏东45°，残长6.8米，窑宽2.45米，窑床中段两壁采用红单砖横平铺砌。东壁残高0.44—0.31厘米。窑砖长32厘米、宽10厘米、厚6厘米。窑床底层包含物有东汉支烧直筒状窑具，以及青瓷釜、瓮、盆和双唇罐等。根据遗物推断，缺口城窑场始烧于东汉，与石滩港塘青瓷窑场的时代相近[14]。2004年对陈家山洪州窑遗址进行考古发掘，揭示2座三国西晋时期的龙窑遗迹[15]。2004年在石滩镇故县村清丰山溪河床底发现一座残龙窑[16]。

历年考古调查和发掘所获资料表明：

（1）洪州窑窑场自东汉晚期成功烧制青釉瓷器以来，从创烧到衰落

[4]白坚、文宇：《江西两类型商文化制陶工艺异同》，《南方文物》2002年第2期。
[5]张文江：《浅论江西临川汤周窑》，《福建文博》2006年第3期。
[6]江西省文物考古研究所等：《景德镇湖田窑窑址——1989-1999年考古发掘报告》，文物出版社，2007年。
[7]陈定荣：《试论南丰白舍窑》，《江西历史文物》1985年第1期。
[8]江西省文物工作队：《江西吉州窑发掘简报》，《考古》1982年第5期。
[9]江西省文物考古研究所等：《江西赣州七里镇窑窑址发掘简报》，《江西文物》1990年第4期。
[10]江西省文物考古研究所等：《江西丰城洪州窑遗址调查报告》，《南方文物》1995年第2期。
[11]余家栋：《江西洪州窑考古又有新发现》，《南方文物》2001年第1期。
[12]江西省博物馆考古队、丰城县文物陈列室：《江西丰城罗湖窑发掘简报》，《江西历史文物》1981年第1期。同时刊《中国古代窑址调查发掘报告集》，文物出版社1984年。
[13]江西省文物考古研究所等：《江西丰城洪州窑遗址调查报告》，《南方文物》1995年第2期。
[14]北京大学中国考古学研究中心等：《江西丰城新发视的洪州窑址调查简报》，《南方文物》2002年第3期。
[15]江西省文物考古研究所等：《丰城港塘陈家山洪州窑遗址考古发掘的主要收获》，《中国古陶瓷研究》2006年第12辑。
[16]笔者主持清理。

绝大多数使用龙窑烧造瓷器，窑炉类型稳定、单一。洪州窑龙窑使用时间长，横跨东汉晚期、三国至唐代，延续800多年，发现的窑炉遗迹主要集中在东汉晚期、三国和隋唐时期。

（2）洪州窑的窑炉构筑技术比较成熟、完备，技术先进，从一开始使用的龙窑长度较长。

2004年，陈家山洪州窑遗址清理2条东汉末至三国时期龙窑[17]，两条龙窑形状、大小、结构以及砌筑方法基本相同，其中2004GCY1破坏较严重，而2004GC Y2保存较完整（图280）。2004GCY2整体呈长条形，由窑前工作室、工作台、火膛、挡土墙、窑床、窑门等组成，长23.8米、宽2.4米，残高0.2米—0.4米，用红色长条形砖平铺叠砌。窑头方向为北偏东5°，窑前工作室在窑的前面与火膛相接处，呈长方形，东西长4.2米、南北宽2.6米，其南墙利用了火膛的北壁，在墙的中

间近地面有宽0.5米的缺口，残高0.05米—0.15米，为投柴点火孔（火门）。其余三墙墙体用长条形红色窑砖砌成。北墙宽约0.2米，残高0.2米，在墙的东端有一圆形柱洞，直径0.2米。东墙与西墙一样，宽约0.2米，残高0.4米。室内地面较平坦，中间凹下并与火膛前壁的点火孔相连通，地表残留有一层灰黑色的灰烬。灰黑灰烬的保存，说明该龙窑是使用木柴燃烧的。

在窑前工作室的东南部与火膛前壁相交处，有一个用砖砌成的内填黄土、碎砖的梯形工作台面，残高约0.2米。

火膛呈长方形，南侧有一道砖砌的挡土墙与窑床相隔，低于窑床0.2米，火膛西侧有一低于火膛平面的椭圆形火坑，火坑的前壁有一个宽约0.5米的投柴点火孔，与工作室相连。

室床平面呈长条形，残长20.2米、内最宽2.4米、残高0.3米，坡度

10°。在窑的东壁中部距窑头11.9米处，开一个八字形的窑门，宽约0.8米。窑室底面中部略鼓，两侧凹下，经高温烧烤形成一个黑色的硬面。根据地层叠压关系和出土遗物推断这是东汉晚期三国时期以烧造瓷器为主的窑场。

洪州窑的龙窑窑炉由窑前工作室、工作台、火膛、挡土墙、窑床、窑门等组成，龙窑各部位的要素都有，甚至可以说是齐备。发掘揭露东汉晚期三国时期的龙窑窑炉遗迹，与晚期龙窑相比较，窑门及窑前工作室保留较清晰，窑前工作室工作台的设置，方便使用，宋元时期和近现代的龙窑窑前工作面也少见或者不见这种设置。尤其火膛的形制、火坑及火门的位置和方式设置特别，洪州窑窑场赣江东、西岸有所区别[18]，呈现早晚时代的不同，这些都为龙窑的研究提供了宝贵的第一手资料（图281）。

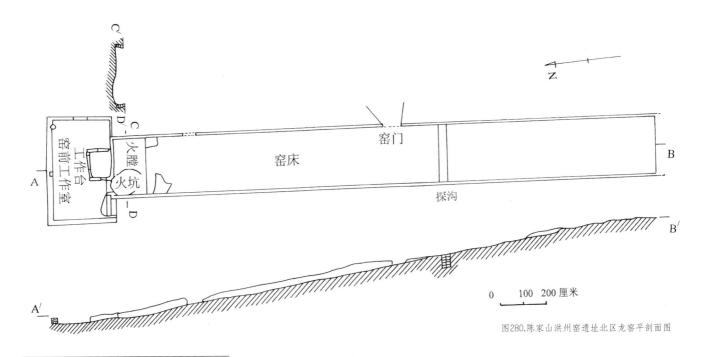

图280.陈家山洪州窑遗址北区龙窑平剖面图

0　100　200 厘米

[17]江西省文物考古研究所等：《丰城港塘陈家山洪州窑遗址考古发掘的主要收获》，《中国古陶瓷研究》2006年第12辑。
[18]北京大学考古文博学院等：《洪州窑发掘报告》，文物出版社待刊。

图281.陈家山北区东汉晚期三国龙窑遗迹　　　　图282.寺前山洪州窑遗址唐代龙窑遗迹

　　有的龙窑窑炉窑前工作面设有台阶，出入方便。1992年清理的一座唐代龙窑（92·寺·Y1）位于洪州窑遗址寺前山窑址北面坡地（图282）。窑炉由窑前工作面、火膛、窑室和窑尾组成。窑向北偏东5°。在窑前工作面的东北角设有台阶和修有缓坡，供上下出入方便。火膛前宽后窄，平面大体呈等腰梯形，斜长1.9米、水平长1.84米、宽1.6～1.9米、高1.28～1.74米、低于窑床0.48米，用砖坯砌一挡土墙。火膛前壁与券顶基本保存完好。前壁中间设一凸字形观火孔，高0.28米、宽0.26米。在前壁两侧各以砖砌一

横墙，用以挡土[19]。

　　东汉晚期三国时期的龙窑长达23.8米，为同时期的窑场所未见，位于浙江上虞联江公社凌湖大队鞍山北麓的三国时的龙窑窑炉，与汉代龙窑窑炉对峙，长13.32米[20]。龙窑的长度随着时代的发展与技术的进步而逐渐加长，龙窑越长，其砌筑技术就越高超。

　　（3）龙窑窑床的坡度相对稳定：调查发现和考古清理的龙窑窑炉窑床的倾斜坡度基本上在9°～23°之间，不管是东汉晚期的，还是隋唐时期的，变化都不大，应该是相对成熟

的窑炉窑床坡度，也是长时间积累的表现。罗湖象山洪州窑遗址南部调查发现一座隋代龙窑遗迹，倾斜度为23°。[21]陈家山洪州窑遗址发现的东汉晚期龙窑窑床倾斜度前面19°、后面9°。[22]2002年在缺口城洪州窑窑场清理的一座东汉晚期龙窑窑床斜度9°～12°。[23]2004年发掘的东汉晚期三国时期龙窑窑炉（GCY2）的窑床倾斜度15°～19°。[24]1992年清理的一座唐代龙窑（92·寺·Y1）窑床倾斜度：火膛、窑室前部、窑室后部、窑尾分别为11°、18°、24°、17°。[25]1993年在象山洪州窑遗址的北段东面坡地上清

[19]北京大学考古文博学院等：《洪州窑发掘报告》，文物出版社待刊。
[20]朱伯谦：《试论我国古代的龙窑》，转引自《朱伯谦论文集》，紫禁城出版社，1990年。
[21]江西省文物考古研究所等：《江西丰城洪州窑遗址调查报告》，《南方文物》1995年第2期。
[22]江西省文物考古研究所等：《江西丰城洪州窑遗址调查报告》，《南方文物》1995年第2期。
[23]北京大学中国考古学研究中心等：《江西丰城新发现的洪州窑址调查简报》，《南方文物》2002年第3期。
[24]江西省文物考古研究所等：《丰城港塘陈家山洪州窑遗址考古发掘的主要收获》，《中国古陶瓷研究》第12辑2006年。
[25]北京大学考古文博学院等：《洪州窑发掘报告》，文物出版社待刊。

理的龙窑遗迹窑床倾斜度：窑前工作面、窑室前部、窑室后部、窑尾分别为8°、10°、23°、19° [26]。

（4）单座龙窑的使用时间较长。

从发现的窑炉遗迹看，洪州窑的窑炉使用时间较长，少数窑炉只有一层窑底，如2002年在缺口城洪州窑遗址清理的龙窑遗迹窑底有一层厚约5厘米的烧结面[27]。多数龙窑窑炉有2—5层窑底，甚至有多达9层烧结层的。

1992年在寺前山洪州窑遗址北面坡地清理的一座唐代龙窑（92·寺·Y1）窑床有二层烧结面。上层由黄土和匣钵、瓷片夯筑而成，厚约0.1米，烧结面厚0.03米—0.05米。下层建在生土之上，填以碎窑砖、匣钵片、烧土渣、瓷片以及黄土，烧结面厚约0.02米左右。窑床内出土有楔形砖、匣钵、四系罐、擂钵、盘口壶、砚、高足盘、高足杯、重圈纹杯、碗、杯、盘、碟、盏、盅等。匣钵分深腹或浅腹，筒形，平底，腹下部镂小圆形气孔，底沿外撇。双唇罐外唇高于内唇，低矮浑圆。罐，敛口，鼓腹，腹下部与底交接处有一道旋削平台，腹中部模印宝相花纹。砚，砚心下凹，周有水槽，底沿塑虎爪、蹄足。印花钵，小平底，内底饰一组同心圆纹，或同心圆纹外模印菊花、松枝、柏叶、蔷薇、宝相花。窑头观火孔间砌的叶脉纹砖为江西南朝至唐代墓常见。推断该窑创建于初唐，中经

维修，至唐代中期停烧[28]。

前述2004年在陈家山洪州窑遗址北区发掘清理龙窑（2004GC Y2）窑床底有5层厚薄不一的烧结面，表明该窑经过5次改造修建，最底层建于生土上，窑炉的使用时间较长[29]。更有甚者，在港塘新村洪州窑遗址（现称为陈家山洪州窑遗址）发现东汉晚期龙窑遗迹断面上有九层烧结面[30]，表明该龙窑窑炉经过9次维修改造，使用时间更长。

从发现和清理的龙窑窑炉遗迹窑床底部可以看出洪州窑龙窑窑炉多数经过多次使用、维修，延续使用时间较长。

（5）较早地解决了分段烧成技术。

1992年在寺前山洪州窑遗址北面坡地清理的一座唐代龙窑（92·寺·Y1），工作面在火膛前面，呈不规则圆形，底部前高后低，呈缓坡状，长3.30米、宽3.24米、深0.98—1.38米。窑室平面呈长方形，斜长16.30米、水平长15.32米、宽1.9—1.95米。券顶坍塌，残高0.12—1.18米。窑门设在左右两壁，左壁（东）有五门，右壁（西）有一门。窑门宽度，左壁由前往后分别为0.45米、0.54米、0.48米、0.70米、0.5米，右壁为0.5米[31]。

1993年在象山洪州窑遗址的北段东面坡地上清理一座龙窑遗迹

（93·象·Y1）。窑炉呈狭长斜坡状，依山坡以砖或砖坯砌建而成。由火膛、窑室、窑门和窑前工作面组成。窑向东偏南30°，窑体斜长18.55米、水平长17.40米。窑前工作面略呈不规则扇面形，底面与火膛、窑室同方向倾斜，斜长1.85米、水平长1.7米、宽1.5米。两侧为生土墙，火膛前壁外左、右两边各砌一排砖，用以挡土。土墙高0.55—0.65米。火膛平面呈前窄后宽的梯形，斜长1.96米、水平长1.88米、前宽1.30米、后宽1.65米，顶塌毁，壁残高0.45—0.85米。前壁右侧砌有一火门，宽0.25米、残高0.17米。烧结面平整，厚约4厘米。窑室高于火膛0.45米，高出部分的前面横砌单层砖，与窑床平，用以挡土。窑床斜长14.50米、水平长13.50米、前宽1.65米、后宽1.70米。窑顶塌毁，左右壁残高0.4米，窑室左壁开4个门，从前往后，第一门距火膛1.25米，第二门距第一门1.85米，第三门距第二门3.20米，第四门距后壁2.95米，门宽0.5米—0.6米。窑室后壁残，烟火孔道结构不明。窑墙均用单砖错缝砌建。窑床内出土有窑工具和青釉瓷器，窑工具有匣钵、锯齿状间隔具。匣钵多为深、矮筒腹，器壁多平直，中部微束，腹下部有的镂两个不规则圆气孔，有的镂一个圆形气孔。匣钵内多黏有三个圆柱形垫块。青瓷器有双唇罐、罐、盘、盘口壶、瓶、敛口重圈纹印花

[26]北京大学考古文博学院等：《洪州窑发掘报告》，文物出版社待刊。

[27]北京大学中国考古学研究中心等：《江西丰城新发视的洪州窑址调查简报》，《南方文物》2002年第3期。

[28]北京大学考古文博学院等：《洪州窑发掘报告》，文物出版社待刊。

[29]江西省文物考古研究所等：《丰城港塘陈家山洪州窑遗址考古发掘的主要收获》，《中国古陶瓷研究》2006年第12辑。

[30]江西省文物考古研究所等：《江西丰城洪州窑遗址调查报告》，《南方文物》1995年第2期。

[31]北京大学考古文博学院等：《洪州窑发掘报告》，文物出版社待刊。

钵、凸棱碗、高足杯、杯、仿金银器"6"字形把手折腹杯、盂、高足盘、钵、碗、盅、盏、圆形多足砚、玉璧底杯、玲珑镂孔印花碗等。推断该龙窑（93·象·Y1）为隋代早期砌建，唐代中期仍继续沿用。

由上述可知，1992年和1993年在丰城寺前山、象山洪州窑址分别清理发掘了初唐和隋代的龙窑各一座，全长分别是21.62米和18.65米。在窑炉的左壁，分别设五、四个窑门，右壁设一个窑门。初唐时期的龙窑遗迹保存较好，由窑工作面、火膛、窑室等组成。火膛的券顶基本完整，窑室前段仅券顶塌毁，两壁大部分保存完好，但是没有发现投柴孔设在窑顶、窑室上部的任何迹象。然而在窑炉左壁的窑门处，各门内底部窑汗均较厚，有的还结成一大疙瘩，入门处往往高于窑床面，有的呈缓坡状。由此推测窑门处应是分段烧成时填柴的地方，即装完窑之后，封门时在下部或中下部留一孔，以供填柴之用，从而解决了龙窑分段烧成的技术问题，已能充分控制窑炉的温度，保证瓷器的质量。

洪州窑自东汉晚期成功烧制青釉瓷器以来，主要使用龙窑窑炉烧制瓷器，龙窑窑身的加长，就是为了增加装烧量，提高产量。但是当龙窑窑身增加到一定程度时，因为火力的限制，置放在窑后段的坯件往往达不到烧成温度的要求，成为次品或废品。而在洪州窑址发掘的不同时期的窑内和窑外地层堆积中，极少发现有生烧的次品或废品，说明洪州窑已经解决了这个问题。而解决这一问题也就是解决分段烧成技术。

2. 马蹄窑窑炉

虽然洪州窑遗址发掘清理的龙窑遗迹较多，表明洪州窑窑场主要使用龙窑窑炉烧造瓷器，不过在洪州窑遗址区也发现了3座马蹄窑窑炉。2000年复查丰城市梅林乡大江村鹅头山洪州窑遗址，在东段窑址发现暴露残断圆形马蹄窑一座，用青灰砖垒砌，券顶用楔形砖垒砌，砖底一面压印有麻布纹样。券顶塌倒，窑宽约3米，残高约1.8米[32]。调查者认为鹅头山洪州窑遗址当属隋唐期间烧造。窑床遗迹和窑包堆积保存完好，应是洪州窑的一大组成部分。2002年，北京大学中国考古学研究中心等单位再次对鹅头山洪州窑遗址进行调查，也发现了这处窑炉遗迹，对这些遗迹现象进行了更为详细的记录，窑壁底层向上显露四层横向竖向青灰砖铺砌。砖长24—26厘米、宽18厘米、厚14厘米。四层起采用斜竖向青灰砖垒砌顶部，围砌成扇面形圆顶。中心砌三道竖青灰砖，再向左右斜砌。券顶砖长19.5厘米、宽21厘米、厚5—7厘米。未见楔形砖。窑向北偏东25°。窑顶距地表高1米—1.5米，宽3.4米。整个窑包堆积高约2.5米、南北长12米、东西宽9米[33]。调查者认为该处窑炉遗迹采用青灰砖砌筑，形状似馒头窑，初步推测似为窑床。同

图283.渡头熊家窑址马蹄形窑炉遗迹

[32]余家栋：《江西洪洲窑考古又有新发现》，《南方文物》2001年第1期。

[33]北京大学中国考古学研究中心等：《江西丰城新发现的洪州窑址调查简报》，《南方文物》2002年第3期。

图284.南朝青釉点彩碗

时提出因地表填土充满窑室四周、窑室内外壁结构不明,有待今后考古发掘资料证实。

如果真是马蹄窑的话,说明洪州窑烧造瓷器不是完全采用龙窑窑炉形制,不是单一的,而是相对多样化。说明洪州窑的窑工可能也使用马蹄窑窑炉烧造产品。

虽然不能完全确认洪州窑窑场烧造瓷器采用过马蹄窑窑炉,不过洪州窑区域使用马蹄窑的窑炉技术是有其历史渊源的,在洪州窑早期窑场分布的清丰山溪河底东侧渡头熊家洪州窑遗址发现有马蹄形窑炉(图283)和"心"字形窑炉(图17-2),这些窑炉遗迹虽然没有发掘,无法准确判定其时代,仍可判断这些窑炉应是烧造低温陶器一类的,有可能是汉代或早

于汉代时期。这些早期的窑业技术为后来奠定了坚实的窑业技术基础。

(三)褐色点彩装饰的充分运用

褐色点彩是瓷器的装饰彩之一,彩料以铁元素为呈色剂。以铁元素为呈色剂的釉下彩绘工艺早在三国时就已出现。南京地区出土了一批釉下彩绘瓷器,器型有带盖双领罐、盘口壶、洗、盏、器盖等,图案精美,纹饰多样。这种绚丽新颖的彩绘瓷器在三国东吴时期流行的时间非常短暂,有学者认为是因孙吴晚期宫廷的特别需求而突然勃兴,可能又因其政权的覆亡而倏忽衰落[34]。"

步入西晋时期,这种采用铁元

素为呈色剂的釉下彩绘工艺却突然消失不见了,替代釉下彩绘的是褐色点彩技法的流行。点彩多施于碗、钵、罐的口沿和器盖盖面上,以斑点装饰,或以点彩组成简单图案。有学者认为洪州窑三国时期出现了在器物的口沿、肩部以及器盖盖面等部位施褐色点彩的新工艺,果真如此,在全国众多的窑场中,洪州窑是最早使用以铁元素为着色剂装饰方法的窑场,开了彩绘瓷器的先河[35]。江西南昌市区绳金塔西晋永安元年(304)墓出土1件青釉褐色点彩鹰首壶[36]。口沿和肩腹交接处饰一圈,鹰首、尾及二系也加饰点彩,肩上点彩组成八瓣覆莲图案。器物的胎釉特征与洪州窑同时期的胎釉特征相近,应该是洪州窑的产品,表明西晋时期洪州窑褐色点彩工

[34]王志高、贾维勇:《南京发现的孙吴釉下彩绘瓷器及其相关问题》,《文物》2005年第5期。
[35]张文江:《赏读洪州窑》,《收藏家》2008年第3期。
[36]江西省博物馆:《江西南昌市郊的两座晋墓》,《考古》1981年第6期。

艺已经成熟。

多数学者认为洪州窑窑场最早使用褐色点彩技法在西晋早期，流行于西晋中晚期，主要饰于鸡首壶、盘口壶、罐、钵、盏器物的肩部、口沿和器盖的盖面上。这时期点彩呈深褐色，点彩多呈大圆块状排列，粗大稀疏(图58)，点饰较为有规律，点饰在器盖上的，彩点与彩点之间基本都是等距离，横向、纵向基本皆成行。东晋时期褐色点彩的色泽浅淡，主要装饰在盘口壶、罐、钵、碗、香熏、灯等器物的口沿部位，使用的范围增大，数量增多。釉下点彩瓷器在东晋广为流行，与东晋初年大量中原士族、百姓南渡，整个社会习俗以及审美习惯发生较大改变不无关系，其简洁朴素的装饰风格似乎更符合东晋社会崇本尚无的时尚。东晋时期褐色点彩的彩点较前西晋时期变小，排列较密规

整（图162）。南朝时期仍然使用，但是用褐色点彩装饰器物的数量大为减少，褐色点彩的彩点小而密（图284）。

由此可以看出西晋、东晋、南朝时期褐色点彩被广泛应用在青瓷碗、钵、盘口壶的口沿、肩腹部以及器盖盖面上。从有的器物釉层完全剥落，褐色点彩仍留在器坯上的现象看，洪州窑褐色点彩装饰采用的是釉下点彩技术，表明洪州窑工匠已经能够运用铁原料来装饰、美化瓷器。褐色点彩工艺的出现和熟练应用，改变了单色青瓷的传统，突破了瓷器装饰以拍印、刻划为主的装饰技法，开辟了瓷器装饰的新思路，对美化瓷器，增强其艺术效果起了重要作用。为唐代以后釉下彩绘瓷的成功烧造开辟了道路，是陶瓷装饰艺术的一项重大发明。聪明的洪州窑工匠巧妙地把造型艺术、点彩

装饰和施釉技巧有机地结合在一起，成功地制作出集艺术性与实用性于一体的美妙佳品。

（四）最早使用火照掌控窑温

南宋·蒋祈《陶记》："火事将毕，器不可度，探坯窑眼，以验生熟，则有火照[37]"。火照是焙烧陶瓷器时测验坯件生熟、测试窑温的窑具，也叫试火具、火表、火标、试片、试样、试火板和火牌，统称照子。有的用瓷土制成，有的则以碗、盏、盘等的坯体加工而成，形制多样，有碗形、盏形、钵形、盒形、条形、锥形、梯形、长方形、方形、不规则三角形、不规则四边形、环形、多边形等，以梯形最为常见。火照的作用是控制炉温、火候，在保证瓷器

图285.景德镇宋代火照

[37]南宋·蒋祈:《陶记》，清代《浮梁县志》及《景德镇陶瓷》1981年专刊。上海科学教育出版社1993年出版的《说陶》中有影印本。

图286.东晋火照

烧成质量方面起着关键作用。在陶瓷手工业生产中发挥了举足轻重的作用，为烧窑提供了一个科学的技术检测的手段，使瓷器的烧制成功有了技术上的重要保障。

　　考古资料显示，目前发现最早使用火照的窑场，是湖南长沙窑和江苏宜兴涧㳇窑，湖南长沙窑出土火照12件，利用不同的器坯改制而成，其中由平底敛口钵制成的火照5件，由碗坯制成的火照2件，由盒坯制成的火照5件，均有圆形钩孔[38]，表明长沙窑大约在中唐时期已经使用火照。江苏宜兴涧㳇窑大约在唐中晚期[39]，火照呈弧形泥条。及至宋代景德镇铜锣山窑址出土北宋的火照，利用废弃或残破的碗、盏、杯的坯件改制而成(图285)，多数呈不规则的三角形或梯形，

中间挖一圆孔，用来测试窑温，以验瓷器的生熟[40]。宋代全国各地窑工使用的火照基本上是利用器坯改成的，形制大体是上平下尖，大体呈倒梯形，下部尖端插入装满砂粒的匣钵内，汝窑采取将火照插入梯形试烧插饼上的做法，匣钵（或插饼）放于窑膛中，在观火孔里可以看到。火照上端有圆孔，当窑工测定窑内温度时，用长钩伸入观火孔，将火照从匣体里钩出。每烧一窑要验火照数次，每验一次，就钩出一个火照。火照都上半截釉，只能使用一次。可见利用火照以验瓷器生熟的做法在宋代已经流行，形制主要是片状。清·蓝浦、郑廷桂《景德镇陶录》载："盖坯器入窑，火候生熟，究不可定，因取破坯一大片，中挖一圆孔，置窑眼内，用钩探验生

熟。若坯片孔内皆熟，则窑渐陶成，然后可歇火。"这是晚期陶瓷烧造成熟的做法。

　　随着技术的进步，洪州窑窑场的龙窑长度逐渐增加。东晋晚期开始采用匣钵装烧工艺，龙窑的装烧数量大幅提升。对窑内火温控制的要求越来越高，迫切需要实用、可靠的窑温监测技术，才能保证瓷器烧造成功。洪州窑也发现使用火照来掌控窑温。

　　1994年在江西丰城洪州窑遗址考古发掘的东晋地层和南朝地层中出土了火照[41]，东晋时的火照呈小盏形，盏呈尖圆唇，曲壁，浅圆饼足，应是将已施釉的盏体壁挖去一较大圆孔而成（图286）；南朝时火照的造型与东晋基本相同，也呈盏状，所不同的是盏较浅，有的挖孔较大。这种以器物

[38]长沙窑课题组编：《长沙窑》，紫禁城出版社，1996年。

[39]南京博物院：《江苏宜兴涧㳇窑》，《中国古代窑址调查发掘报告集》，文物出版社，1984年。

[40]江西省文物考古研究所、景德镇民窑博物馆：《江西景德镇竟成铜锣山窑址发掘简报》，《文物》2007年第5期。

[41]余家栋、余江安：《江西汉唐青瓷考古试析》，《中国古陶瓷研究》第12辑，紫禁城出版社，2006年。

做成的火照处于初始阶段，占用空间大，钩取不太方便，后来为片形火照取代。

东晋时期洪州窑工不断革新陶瓷工艺，探索陶瓷技术，改革工艺流程，率先在全国使用在焙烧时能随时测验瓷坯生熟的火照，使之能随时控制窑炉温度和火候，保证了瓷器烧造的质量。与以往湖南长沙窑和江苏宜兴涧溪窑发现的唐代火照相比，将中国制瓷使用火照的历史大大提前，将中国烧造瓷器使用火照的历史大大提前，表明洪州窑工匠对瓷器烧成温度已经有了较好的控制能力，从一个侧面反映出洪州窑制瓷技术的先进性。

（五）最早发明使用匣钵和匣钵装烧技术

匣钵作为专门放置坯件的窑具，由耐火材料制成。其基本形制有桶形、漏斗形、钵形、M形等。匣钵的作用可使坯件避免窑顶落砂对釉面的污染和烟火直接接触坯体，使釉面光洁，同时使坯体在窑室内受热均匀，可保证和提高产品的质量；再有匣钵耐高温，胎体厚实，承重能力强，叠摞不易倒塌，可以充分利用窑室内空间和适当增加窑室高度，能增加装烧量，提高产量。为瓷器的优质高产创造了良好的条件。匣钵的名称，最早见于南宋·蒋祈《陶记》记载："陶工、匣工、土工之有其局。"[42]表明不仅有匣钵存在，而且有专门的制作匣钵的工种，甚至有专门烧造匣钵的窑炉，2006年，江西省文物考古研究所在吉州窑遗址揭露一条南宋晚期专烧匣钵的龙窑（图287）。进一步说明了不仅已经出现专门的匣工，与此相对应，还出现了专烧匣钵的窑炉。同时也是江西地区目前发现最宽的、保存最好的龙窑窑炉遗迹之一，该窑炉遗迹的发现为研究吉州窑的生产流程、窑炉砌造技术和当时的社会经济提供了新资料[43]。宋元时期江西地区烧造瓷器大多使用匣钵，形制主要有漏斗状（图288）和圆筒状两种。

此前考古资料发现最早使用匣

图287.吉州窑南宋龙窑遗迹

[42]白焜：《蒋祈〈陶记〉校注》，《景德镇陶瓷》（陶记研究专刊），1981年第44页。
[43]张文江、李育远、袁胜文：《近几年吉州窑遗址考古调查发掘的主要收获》，《中国国家博物馆馆刊》，2014年第7期。

图288.北宋景德镇窑匣钵

图289.南朝青釉莲瓣纹碗与匣钵

钵装烧的是湖南湘阴的岳州窑[44]。这几年洪州窑的考古发掘发现,东晋晚期洪州窑装烧所使用的窑具除支座、间隔具之外,还创造发明了匣钵[45]。1992年,江西省文物考古研究所与北京大学考古系联合对丰城洪州窑遗址进行调查和发掘,在调查中采集到多件具有南朝时期特征的莲瓣纹青釉碗(图289)和莲花纹青釉盘黏连在匣钵内的标本[46]。接着在洪州窑遗址寺前山、象山窑址发掘的东晋晚期地层中出土了大量废弃的匣钵,其形状呈桶状、直壁、平底、壁下部开4—6个三角形、不规则方形或椭圆形大气孔,有的外壁饰青灰釉(图290)。匣钵伴出具有东晋特征的青釉瓷器。由此推断洪州窑于东晋后期、南朝早期

创造发明了匣钵及匣钵装烧工艺[47]。

洪州窑在东晋晚期已经使用匣钵装烧器物,相比较湖南湘阴岳州窑始于南朝梁陈之际、安徽淮南寿州窑始于唐代中期、浙江越窑始于晚唐时期,洪州窑是迄今为止发现匣钵和采用匣钵装烧工艺最早的古代瓷窑。使用匣钵烧造瓷器是制瓷方式从粗放向精细的重要转变之一,即把坯件由明火直接烧烤变为匣钵内隔火烘烤,可谓烧造技术的革命性转变。这不仅大大提高了青瓷的产量和成品率,而且还使器物避免了烟熏、火刺,更有效地提高了产品的质量,并为后来烧造更为精美的瓷器打下了基础,是古代瓷器装烧技术进步的一个重要标志,这是陶瓷烧造工艺上的技术革命,对

我国陶瓷工艺的发展具有重要意义。创新的工艺,使洪州窑从东晋后期至南朝早期开始进入兴盛期,瓷器的质量超过同时期的越窑、岳州窑、寿州窑和婺州窑。

(六)最早的芒口烧制技法

芒口瓷是指口沿未挂釉而显露一线胎骨者,也称"涩边"或"毛边"瓷。造成芒口的原因,一般是因为采用覆烧法烧造瓷器造成的。所谓覆烧法,就是将碗、盘等器皿反扣着焙烧,尽管会出现"芒口"的缺点,但可以提高产量,降低成本,所以得到普遍的推广。这种口沿露胎的覆烧

[44]陶籍人:《近二十年中国瓷器史研究收获述评》,《中国陶瓷》(古陶瓷研究专辑),1982年第7期增刊。
[45]权奎山:《论洪州窑的装烧工艺》,《考古学研究》(四),科学出版社,2000年。
[46]赖金明:《洪州窑制瓷工艺的突出成就》,《南方文物》2001年第2期。
[47]权奎山:《从洪州窑遗址出土资料看匣钵的起源》,北京大学中国传统文化研究中心编:《文化的馈赠——汉学研究国际会议论文集·考古学卷》,北京大学出版社,2000年。

器物此前考古资料最早发现于"上承晚唐，下启北宋"的河北省曲阳县涧滋村的五代定窑[48]。定窑芒口瓷主要是使用覆烧工艺形成的，这种覆烧工艺后被瓷都景德镇接受并加以改良，继而随着景德镇青白瓷的畅销广泛流传于南方地区，芒口覆烧成为一时之风尚。现经考古调查与发掘证实，在江西景德镇湖田窑、吉安吉州窑、赣州七里镇窑和南丰白舍窑等都烧制芒口瓷，但其时代都在五代至宋代，均较洪州窑为晚。1992年和1993年，江西丰城象山、寺前山洪州窑遗址等考古发掘的东晋地层出土比较多的芒口平底钵，钵的造型大小相同，均为芒口、圆唇、斜直壁、深腹、太平底。口沿外侧饰一周凹弦纹，深灰胎，口沿露一圈素胎，内壁满外壁不及底施青釉。这类钵采用一件钵覆扣在另一件仰置的钵口沿上，口口相对，器物口沿间衬垫若干瓷泥的仰覆对口扣烧（图291）装烧方法烧造。这就是洪州窑的仰覆对口扣烧工艺，而且这类器物的装烧一般置放在窑床上或者匣钵盖上裸烧。采用对口扣烧技法的目的，主要是为了追求产量和充分利用窑室内的空间。窑工充分利用窑内的有限空间置烧器物，可以提高产量，降低成本，从而提高市场竞争力。由此推断洪州窑烧造芒口瓷的历史至少有1600多年，洪州窑仰覆对口扣烧是迄今为止考古发现的最早覆烧实例，

将芒口烧造技术往前推了将近500年，相比较河北名窑定窑更早，但是洪州窑的芒口烧造工艺较为原始，只是开覆烧技术之肇始，启芒口工艺之端倪，较定窑采用的支圈覆烧芒口烧造技术不可同日而语，支圈覆烧法生产的瓷器产量更高，效果更好。

此外还有因为追求高档装饰等特殊原因造成的芒口瓷器。1994年，李子岗洪州窑遗址南朝地层发掘的芒口杯，圆唇、直口、圆饼足、灰白胎，内壁满釉外壁不及底足施青釉，口沿露一圈胎骨，内底、外底足分别留3个支钉痕，在造型、釉色和烧造技法上较对口扣烧芒口瓷有进一步的提高。应该是采用支钉间隔仰式装烧烧造而成的，其目的是为了在口边镶嵌装饰物，有可能是镶嵌金银边的高档茶、酒具，也即是后世的金扣、银扣之前身。它将芒口瓷的烧造发展到一个更高的阶段，这应是特殊原因烧成的芒口瓷。

（七）最早的瓷器玲珑技法

许之衡《饮流斋说瓷》曰："素瓷甚薄，雕花纹而映出青色者谓之影青镂花，而两面洞透者谓之玲珑瓷。"玲珑是瓷器中的一种镂孔填釉的特殊装饰技法。玲珑瓷是指在瓷器坯体上通过镂雕工艺，雕镂出许多规

则的米粒状"玲珑眼"，以釉覆盖洞眼，置窑烧造，烧成后，瓷胎两面洞透，有釉糊盖，如窗户糊纸，洞眼镂花处透光明亮，具有玲珑剔透的装饰效果，十分美观，被喻为"卡玻璃的瓷器"。通常认为"玲珑技法出现于明代早期，明代晚期盛行，清代仍有烧造"[49]。

1979年，曲江罗湖村寺前山出土的2件玲珑瓷片，其中1件（图292）口沿下三行细密的圆形玲珑洞，下方为长直条形组成的花纹[50]。1990年，在罗湖狮子山洪州窑遗址采集1件隋代剔花卷草纹玲珑高足盘[51]，圆唇、侈口、弧壁、喇叭状足。高4厘米、口径9.7厘米、足径5.9厘米。灰白胎，坚细致密，内壁满釉外壁不及底足施釉，釉呈青灰色。内底心刻划一朵宝相花，内腹壁由一道弦纹分成两组纹饰，上部为刻划卷草纹，下部为玲珑剔刻的莲瓣纹，莲瓣纹以线刻与镂空成型。镂空处釉结其中，玲珑透影，别有情趣（图293）。1993年，在江西丰城象山洪州窑遗址出土有玲珑瓷钵[52]，圆唇、敛口、曲壁、小平底。造型与隋代印花敛口钵完全相同，器底可见六道旋削痕，内底压印尖形花瓣，形似日光图案。器腹上端至口沿镂有一排小圆孔，两面糊釉透光。灰色胎，内壁满釉外壁不及底足施黄褐釉，玻璃质感强。2012年，我们在德安县博物馆整理景德镇南河流域青白

[48]河北省文化局文物工作队：《河北曲阳县涧滋村定窑遗址调查与试掘》，《考古》1965年第8期。
[49]冯先铭主编：《中国古陶瓷图典》，文物出版社，1988年，第373页。
[50]江西省历史博物馆等：《江西丰城罗湖窑发掘简报》，《中国古代窑址调查发掘报告集》，文物出版社，1984年。
[51]万德强：《洪州窑出土的两件精美瓷品》，《中国古陶瓷研究》第5辑，紫禁城出版社，1999年。
[52]赖金明：《洪州窑制瓷工艺的突出成就》，《南方文物》2001年第2期。

釉瓷窑遗址发掘报告时，在德安县博物馆老馆长周迪人处见到1件与匣钵黏接一起的青釉瓷片[53]（图294），器型与前述1979年出土的隋代玲珑瓷相似，所不同的是在腹部镂雕4排玲珑眼。这充分说明洪州窑不仅在隋代已经能烧造玲珑瓷，而且处于成熟烧造时期。洪州窑工匠已经把这种装饰技法熟练地运用于钵、高足盘等多种器物，装饰方法丰富，排列有序，有的玲珑与花卉纹相互配合装饰，有的把玲珑装饰融于器物的造型之中。可见洪州窑的玲珑技术处于全国同期窑场的领先地位，为瓷都景德镇宋元明清时期采用这类玲珑镂雕工艺提供了前期技术借鉴，是中国陶瓷烧造史方面的重大突破。可以印证《学瓷琐记》的记载："玲珑青釉瓷始于北朝末年至隋初……唐宋元未见，至明初永乐年间有景德镇玲珑瓷烧造，此后复现

于清乾隆年间。"

（八）化妆土的熟练使用

洪州窑与浙江等南方地区各窑场一样，从东汉晚期到唐代，在胎釉原料选用、成型、施釉技法、窑炉结构和装烧技术等方面均有很大的发展和提高，其制瓷工艺上的一项突出成就，就是在胎料装饰上熟练运用化妆土。

所谓化妆土装饰，是指用上好的瓷土加工调和成泥浆，施于质地较粗糙或颜色较深的瓷器坯体表面，起美化瓷器作用的一种装饰方法。化妆土的颜色有灰白、浅灰色、白色等。施用化妆土可使粗糙的坯体表面变得光滑、平整，坯体较深的颜色得以覆盖，釉层外观显

得美观、光亮、柔和滋润，这是制瓷工艺的一项重要成就。

始烧于东汉晚期的洪州窑，经过三国的发展，西晋的扩张，在东晋晚期开始进入兴盛期，而且其盛烧时间一直延续到唐代中期，由于长时间的烧造，加之每个时期烧造量的不断增加，处在上层容易挖掘开采的优质瓷土资源消耗过快，洪州窑工匠使用较为劣质的瓷土制造瓷器，由于青瓷胎体所用的泥料一般都是未经过精细的淘洗，这样烧造出来的瓷器胎体表面会出现一些细小孔隙和缺陷，器物表面显得粗糙，成品的外观美感受到影响。为了弥补这些缺陷，自隋代起，洪州窑工匠普遍采用在器物施釉之前涂抹一层化妆土的胎体修饰技术，以此来增加原料产地，扩大原料来源，美化器物的胎釉。这种技法在初唐、盛唐、中唐时期依然流行。其方法是

图290.东晋匣钵

图291.东晋青釉盏对口烧

[53]承蒙德安县博物馆周迪人提供资料，谢谢！

图292.隋代玲珑瓷片　　　　　　图293.隋代青釉剔花卷草纹玲珑高足盘　　　　　　图295.唐代青釉碗

图294.隋代玲珑瓷

将加工较细腻的灰或灰白色瓷土，以水调和成泥浆，在胎的外表施一层更加细微的泥浆修饰，既可以遮盖色泽较深的胎质，器体色泽焕然一新，也可以填没孔洞，遮掩粗糙，胎面更显细腻，然后施釉入窑烧制，增加釉的莹润效果（图295）。专家在偏光显微镜下对唐代洪州窑瓷器表面的化妆土进行观测，得出如下结论："唐代洪州窑是使用未淘洗的粗炻器泥料作为制胎原料的。为了改善胎面的施釉质量，许多制品使用了薄层的、高SiO_2含量的化妆土。""化妆土层主要含有比胎高得多的石英颗粒。其粒度∠50μ。熔剂较少，比较致密。""因

其粒度比胎中的小一个数量级并且非常均匀，故显然是用淘洗法加工过的。"[54]使用化妆土可以使比较粗糙的器物坯体表面变得光滑、整洁，增加釉的效果，使釉层在外观上显得饱满，釉面光莹、柔和；也可以将器物坯体较深的颜色覆盖，为利用质量较低的原料创造条件，这可扩大原料使用范围，并使原材料较差地区的瓷业也能健康发展。这样洪州窑瓷器经过涂抹化妆土，然后施釉，经过烧成之后釉面光洁柔和，厚薄均匀，玻璃质感强，以青釉或青褐釉为主，尤其初唐、中唐时期以釉取胜，与《茶经》记述的"洪州瓷褐"相吻合[55]。

然而瓷胎上施化妆土后在窑内烧制时，需要胎、化妆土和釉三者间的烧成温度和膨胀系数大致匹配，否则胎釉之间就不能紧密结合，釉层易于剥脱。由于化妆土层与胎、釉三者的热膨胀系数显著不同，要达到理想结合较为困难，所以洪州窑瓷器表面的釉层并不是非常牢固地融贴在下面的化妆土上。这就是我们现在所见历经岁月侵蚀的洪州窑瓷器釉层容易剥脱的主要原因。不管怎样，洪州窑青瓷化妆土的使用是成功的，这种工艺得到了充分应用，隋代器物一般都施化妆土，初唐器物普遍使用白色化妆土，洪州窑产品外观因之大大改善，

---

[54]陈显求、陈士萍、仝武扬、周学林：《唐代洪州窑青瓷探讨》，《景德镇陶瓷》1983年第1期。
[55]左圭：《百川学海》壬集36册。1921年上海博古斋影印本。

给人以莹亮明洁的面貌。

虽然有的学者认为洪州窑"化妆土在港塘早至东汉晚期、东吴早期就开始使用,一直沿用到隋唐"。并认为"(洪州窑)成功地采用化妆土的时间并不比婺州窑晚[56]"。根据目前的资料来看,洪州窑大量使用化妆土来装饰器物的时间可能没有早到东汉、三国时期,虽然在东汉晚期、三国时期有的洪州窑器物的胎釉之间有一层褐黑色的保护层,比如南昌三国高荣出土墓酱褐釉四系盘口壶。这种保护层与隋代及其以后器物胎釉之间的灰色或灰白色化妆土不同,两者厚度不一、颜色完全不同,这种早期的做法有待进一步研究,有可能是器坯在高温烧成时,胎中水汽外溢时形成的。也有可能是一种护胎水或者护胎衣。所以有的学者认为从窑址产品看,胎釉之间施有一层薄薄的乳白色化妆土,使坯体表面光洁,胎体得到覆盖,釉面更加滋润。化妆土的使用在罗湖窑隋唐器物中更为明显,在港塘东汉、东晋窑口产品中,有的可见一层粉红色胎衣。

当然化妆土的使用应该是非常早的。中国古代陶器使用化妆土美化胎体的历史可以追溯到新石器时代晚期,是制陶技术的一项重大成就。此项工艺在青瓷器上广为使用。以前所见的考古材料,认为西晋晚期浙江婺州窑首次将化妆土应用于瓷器之上[57]。婺州窑始烧于东汉,延烧至北宋。由于婺州地区的土层为粉砂岩地

带,瓷土散,而且矿层很小很薄,不易开采。因此在西晋晚期,婺州窑窑工就创造性地用当地遍地皆是、开采和粉碎都比较容易,并具有很好可塑性的红色黏土做坯料。但黏土中氧化铁和氧化钛的含量都较高,烧成后胎呈深紫色,影响青釉的呈色,所以就在胎的外表上一层质地细腻的白色化妆土,以掩胎色。由于胎外有化妆土衬托,所以釉层滋润柔和,釉色在青灰或青黄中泛出点褐色,但釉面开裂,开裂处往往有奶黄色或奶白色的结晶体析出,较用瓷土做胎的瓷器更为严重,这也是婺州窑青瓷的特殊现象。南朝时,婺州窑瓷器釉层遍呈青黄色,胎釉结合较差,容易剥落。

(九)隋代单体戳印装饰技法的盛行

隋代青釉瓷器造型简洁,更趋秀丽,注重实用性与艺术性的结合。整体上装饰简单质朴,装饰题材既受南朝的影响,又有突破与改进。隋代洪州窑的青釉产品使用多种装饰技法,多数采用印花装饰。自隋代起,青釉瓷流行一种崇尚自然的纹样,内容多是代表清新自然的水波纹、树叶纹、宝相花纹、莲瓣纹、荷叶纹、草叶纹、蔷薇花纹等,流行在器物内底模印各种各样花纹。其印花装饰技法采用单体模具戳印花纹,这个技法运用在瓷器上,最早出现在东汉时期,其

时在青瓷和支座上戳印单个铜钱纹。六朝时期中断,没有全面展开使用,及至隋代又重新流行,终隋一代盛行不衰,初唐时期仍有遗韵。这个技法的渊源可以追溯到商周南方,尤其是江西地区的印纹陶排印技术。

单体戳印技法使得纹样排列整齐,规矩划一;一系列特定具有文人情怀纹样模具的使用,使得产品造型与装饰风格如出一辙。丰富多样的戳印图案,成为这时期洪州窑隋代瓷器的典型特色。

单体模具戳印技法的使用,能够规模化大量生产瓷器,使得洪州窑在推进规模化、集约化生产方面获得重大进展。洪州窑是迄今国内发现的使用单体戳印技法最盛行,而且纹样最为丰富多样的窑场。

由此可见洪州窑个性鲜明,自成体系,其制瓷历史之长,烧造规模之大,产品流布之广,在东汉晚期至五代时期瓷窑中都是罕见的。作为中国青瓷发源地之一的洪州窑,自东汉创烧以来,在长达800余年的烧造历史过程中,不满足于仅仅凭借得天独厚的自然资源、便利的交通运输和优良的制瓷传统,而是在实践中不断追求科学技术的进步,其生命力之长久在于勇于创造,善于创新,不断吸收和总结先进的制瓷工艺和技术,力争烧造的产品能够保质保量,以追求低成本、高利润的回报。

[56]余家栋等:《洪州窑考古发掘的新收获》,《中国古陶瓷研究》第5辑,紫禁城出版社,1999年。
[57]贡昌:《谈婺州窑》,《中国古代窑址调查发掘报告集》,文物出版社,1984年,第22页。

第六章 洪州窑瓷器的鉴定

随着改革开放中国经济的发展和国家的繁荣昌盛，收藏古玩和股市、楼市一样成为热门话题，盛世兴收藏，伴随高古瓷收藏的升温，藏家越来越看好汉晋隋唐时期青瓷，洪州窑作为历史上著名的青瓷窑场、唐代六大青瓷名窑，特别是那些造型端庄、釉色温润、艺术性高的洪州窑青瓷尤为藏家喜爱。随着收藏人群的增多，洪州窑瓷器的价格突飞猛涨，受金钱利益的驱动，洪州窑仿品日见增多，有的已达到了可以乱真的程度。如何鉴别洪州窑青瓷的真伪，成为大家关注的焦点。其实陶瓷鉴定并非因为藏家收藏才需要鉴定，也并非鉴定真伪一项内容。陶瓷鉴定本身就是陶瓷器研究的一项重要内容，也是瓷器研究和鉴赏的基础。任何一件古陶瓷，在作为收藏和研究对象之前都应该首先有一个鉴别确认的过程。瓷器鉴定的内容至少应该包括时代的鉴别、窑口的鉴别、真伪的鉴别三个方面，瓷器年代的鉴定，就是要确认被鉴定瓷器的生产时间。瓷器窑口的鉴定，就是要确认被鉴定瓷器的生产地。古陶瓷真伪的鉴别，也就是判断古陶瓷是真品还是赝品。它们相辅相承，是一个

统一的整体。目前国内瓷器鉴定的方法主要有两种，一种是自然科学测试法，一种是传统的"目鉴法"。

自然科学测试法是从器物的胎、釉化学成分组成等方面进行对比分析。利用科学仪器测定年代，或通过化学测试分析来推断产地，在此基础上解决真伪的判定问题。古代瓷器断代应用得比较多的自然科学方法是热释光法，其依据是自陶瓷器烧成后，其体内细颗粒石英中所含的热释光剂量随着日照辐射而积年累月地增长，年代越久，热释光量也就越大。由于各地区矿藏、地质结构不同，每个窑场瓷土的化学组成都与其他地方的瓷土有所差异，而某些特定时期窑场的瓷土化学组成是基本不变的，借助化学分析、测试的手段，把被测古瓷的化学组成与不同产地的瓷土的化学组成进行比较，或与确定窑口的标本进行比较，可以确认古瓷产地，可以判断瓷器所属窑口。借助科学测试成果鉴定古陶瓷历来为研究者所注重，特别是利用物理化学分析成果分析瓷器的胎釉组成，已经成为古陶瓷研究中的重要手段。

而传统的"目鉴法"，正如著名

古瓷研究家冯先铭先生所说："……从以下五个方面鉴定瓷器，即瓷器的造型、纹饰、胎釉彩、款识、支烧方法。这五方面互为补充，不可偏废，偏重一方面而忽视其他方面鉴定便会有误差；五方面联系起来看，对瓷器的年代、产地的判断，其可靠系数就比较大。"[1]当然洪州窑瓷器，由于其所处的时代较早，没有后期，尤其是清代瓷器那么复杂，有些环节因为瓷器本身不具备，可以省略。但是总体上洪州窑瓷器的鉴定还是从这几个方面，尤其要注重洪州窑的地方特色。

（一）对造型

瓷器的器型一般是指器物的口部、颈部、肩部、腹部、底部以及足部等外在的形状。造型是瓷器最具时代特色的一个指标，器物形式的演化和发展，隐藏当时人们的行事习惯和生活方式，乃至展示器物背后当时社会的精神生活和思想观念。

洪州窑烧制的青釉，器型多样，有双唇罐、罐、盘口壶、鸡首壶、壶、唾壶、虎子、盆、钵、碗、盏、盘、釜、洗、灯、盅、擂钵、碟、香熏、砚台等日用器和耳杯、耳杯盘、灶、井、仓、鸡舍、鸭圈、狗圈等模型。器型有极深刻的时代烙印，凝聚着不同时代的文化心理和审美艺术取向，也是当时生产力的制约和匠师们高超技艺的综合结果。不同时期的洪州窑生产不同造型的瓷器产品，满足不同时期不同阶层消费者的需要。

某些器物只有在某些时代才有，其他时代则不见，如圆形瓷砚见于汉末至唐初，以后虽有瓷砚，但器型却有很大变化。笔者见到一件仿汉晋时期青釉瓷塑（图296），动物立于圆形鼓座上，所塑动物头上有双角，长嘴前突，颈部有项圈，身披长毛，尾巴上卷。似狗非狗，似狮非狮，更与隋唐镇墓兽相去甚远，完全是一件臆造的物件，一看便知是现代作伪的仿品。

图296.臆造汉晋青釉瓷塑

[1]冯先铭：《瓷器鉴定五大要领》，《故宫博物院院刊》1994年第1期。

图297.仿制鸡首壶

图298.仿制青釉虎子

真品都是人工手工制作，造型古拙、自然，尤其瓶壶的系、颈、口沿等部位，处理干脆，随意而不失其整体结构比例之恰当，像羊、鸡首壶、博山炉等造型更是意趣天成，形态优美自然。真品造型自然洒脱，轮廓线飘逸流畅，圆润而有神韵。真品的整体与局部之间、局部与局部之间的大小比例适当，即使由于某种需要，特为夸张某个局部而使其增大或缩小，也是有一定限度的。而仿品用机械成型，显得线条僵硬，比例失调，全无古物自然之感。尤其是附件与整体的比例不协调，如这件青釉鸡首壶（图297），把手的高度、弧度与护体的比例明显不一致，龙头的制法粗糙。而青釉虎子（图298），则是规整有余，灵性不足，非常呆板。

（二）辨胎釉

不同时期、不同地区制瓷原料有所差异，各地采用的瓷土原料和配制原料的方法也不同，决定了各窑产品胎釉色调和质地的差别。

东汉青瓷胎质坚硬而不很细腻，胎色灰、深灰或灰白，瓷土的选择不是非常严格，表现出一定的初创时期特征。三国时期青瓷胎骨致密不吸水，偶见气泡，胎色多呈黑灰色，也有灰、灰白及灰泛紫红色。西晋开始洪州窑制瓷技术有了较大的改进，对瓷土的选择更严格，粉碎和淘洗更细，杂质较少，捏炼和陈腐的工艺过程相对较长，使原料中的颗粒得到充分的水解，产生良好的胶质，坯泥经过烧结后，胎质变得细腻致密，胎体孔隙度较小，釉层不起气泡，胎釉结合较紧密。东晋至隋代坯泥炼制精细，烧成温度较高，胎坚质细。器物精美者含杂质较少，淘洗精细，胎色以灰白色为主；胎质粗松厚重者呈浅灰色，也有少量深灰或白色，整体上南朝的胎质略胜一筹，绝大多数呈现白或灰白色。唐代瓷胎胎色较深，但淘洗精细，以深灰色为主，也有灰、灰泛紫红、砖红色。晚唐五代胎体厚重，胎泥陈腐时间不够，陶洗不够精细，胎质较粗松，胎色多呈灰、深灰或灰泛紫红，胎中铁含量较高。

洪州窑瓷器不同时期呈现不同的胎质特征，但整体上感觉胎质干燥，胎中肉眼可见颗粒状间隙。有的器物底足粘有颗粒状土渣。早期仿品为了模仿这种较粗颗粒的胎质，采用石膏和瓷土混合料进行仿制，胎质显得非常轻，感觉没有一点分量（图299）。现代仿品由于采用高岭瓷土，胎质非常细腻坚致，不过分量还是显轻。后来有的作伪者在胎中加入水泥，则给人以一种"硬"的感觉，用手掂之，则比真品分量要重。

洪州窑青瓷釉质光亮滋润，色调柔和，以青、青绿或青灰色为主，因胎、釉中含铁量的多寡以及施釉技术的差异，不同时期风格略有不同，有的呈现青褐、黄褐、青黑色。施釉技法略显单调，器物内壁采用荡釉法，外壁用蘸釉或刷釉法。在底足中间留存密集割线痕，足缘有釉斑，大小不一。东汉至西晋时，圆器类器物内壁满釉、外壁不及底施青釉，琢器类则口沿及外壁不及底施青釉。胎釉结合较牢固，少见垂釉和脱釉的现象。东汉三国釉色深浅不一，釉层厚薄不均，较薄者釉面粗，较厚者釉面细

腻。釉以黑褐和青黑色为主，也有少量青黄色釉的精品瓷。西晋器物釉层均匀，釉面光洁，变得透明，釉色以青色或青绿色常见。东晋南朝釉面晶莹，玻化程度较高。但胎釉之间没有形成中间层，胎釉结合较差，釉容易剥落，釉面开细冰裂纹。碗、盏等饮食器的外壁施青釉不及底，内壁满施青釉。釉色以青黄色、米黄色为主，也有青绿、米黄、青灰、豆青色，釉层较厚处或凝釉处呈碧绿色。隋唐时期流行半截釉。釉层下先涂一层细腻的灰白色化妆土，增加釉的莹润效果，釉面光润柔和，玻璃质感较强，注重实用性与艺术性的结合。隋代由于胎、釉以及化妆土的膨胀系数不一致，釉面普遍开细冰裂纹，且多有剥釉现象。釉色以青泛白、青灰为主，其中青泛白色釉很具有时代特征。唐代最为重要的是洪州窑工匠能够充分利用单色青釉的特点，通过胎釉的改

造，使胎质细腻，釉层厚而均匀，饱满滋润，釉面柔和，光泽感强，使此时期的洪州窑瓷追求釉色本身的装饰效果，以釉取胜，釉色多呈青褐、黄褐色，与陆羽《茶经》描述的釉色相同，使自己的产品具有特有的釉面特征。此时也有青泛褐、青黄、黄褐、褐色釉，少见釉的剥落现象。晚唐五代青釉器物釉层薄而不均匀，釉面缺乏光泽，欠滋润，胎釉间不施灰白色化妆土，釉色以黑褐、酱褐为主，也有黄褐、青褐色。

洪州窑青瓷仿品的釉色大多色泽偏青绿，且开片不自然，纹理附胎紧密，不似真品开片呈鱼鳞状，由内往外拱起。赝品给人以贼光和呆板感，手感不温润，绝无真品那种莹汁内蕴的感觉。有的仿品釉层是用胶水粘贴上的，像这类方形龟纽印，外壁的釉层是人工贴的（图300）。有的器形与流行朝代的釉色不对应。

图299-1.现代仿博山炉　　　　　　　　　　　　　　　　　图299-2.现代仿博山炉

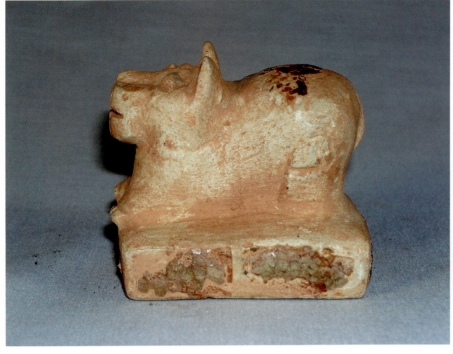

图300-1.仿制方形印章

图300-2.仿制方形印章

洪州窑真品都具有一种"极新极旧"的古拙色气，有的甚至就像刚出炉一般，给人一种精光内蕴之感。而仿品无论如何难以达到这种效果。要么火气贼光外露，要么釉光发木。但值得注意的是，目前有部分仿品采用洪州窑老胎加新釉，粗看颇能迷惑人。

（三）看装饰

瓷器在追求造型美的同时，也十分注重器表的花纹装饰。瓷器纹饰集中反映了当时社会的思想观念和审美意趣，有非常明显的时代发展脉络。洪州窑瓷器的装饰技法、花纹内容虽说不太复杂，但具有自己的特色，比较注重实用，装饰较简单，纹样朴素大方，纹饰不多，以素面为主，以造型为美，以釉色取胜。但装饰技法多样，有刻花、划花、模印、捏塑、锥刺，手法多样，有的一种技法单用，有的两种甚至三种、多种技法混用。洪州窑自东汉晚期烧制成熟瓷器起，它的装饰技法和内容一直在有序地发展、变化。东汉晚期、东吴时期至隋代处于上升时期，至隋代达到了鼎盛；进入唐代早期开始简化，唐中期到了最低点；唐代晚期、五代南唐时期试图恢复，但已无回天之力了。洪州窑的装饰工艺的发展自成系列，具有鲜明的自身特色和艺术风格。作伪者比较常见的就是把南朝、隋代流行的纹样加到唐代的器物上。

（四）识装烧

装烧是制瓷工艺中十分重要的组成部分。装烧工艺涉及窑炉和窑具，洪州窑产品的烧成从东汉晚期至五代南唐时期主要在龙窑窑炉中烧造。洪州窑器物的装烧各时期使用的方式不一样，装烧技术的不同，直接影响器物的特点，留下不同时代的烧造痕迹，具有强烈的时代特点。

东汉至东晋前期基本相同，主要采用裸烧，即将支座置于龙窑窑床上，然后把坯件放在支座上裸露烧造。罐、壶、虎子等琢器多是单件置于支座上；而碗盘类圆器使用环形、环形三足、圆形锯齿状间隔器叠烧，每摞4—5件置于支座上，因此在多数器物的内底留有

4—5个圆形或长方形的垫烧痕。东晋晚期装烧工艺出现重大突破，开始使用匣钵装烧，这些先进工艺的使用，使洪州窑从东晋后期南朝早期开始进入兴盛期。该方法一直延续到唐代中期。精品青釉瓷器采用一匣一器烧成；一般的产品使用一匣多器的方法，坯件间以锯齿状、环形间隔器或细砂间隔。晚唐五代产品一改以往的匣钵装烧法，采用砂堆裸露叠烧的方法，在器物的内底和底足边缘留存有5—8个长圆形沙堆泥团痕。

在烧造方法上，不同时代也有所差异，如东晋晚期以前各窑场多用裸烧法，南朝以后匣钵才逐渐普遍应用，不同的装烧方法在器物上都会留下挥之不去的痕迹，不唯装烧方法，有时甚至燃料都可以对古瓷的胎釉呈色起作用。现代工艺采用电炉、煤气炉烧制，器物在烧后，大多缺乏古代窑炉那种用木柴燃料烧成的釉面光润莹厚的感觉，外观上显得粉白刺眼。新仿者的烧成温度过高，弹之声响过于清脆；有的烧成温度过低，胎质过于松散，弹之声音闷声闷气。

（五）比工艺

洪州窑青瓷的制作方法多种多样，圆器类采用拉坯成型，在底足尤其是圆饼足足面留有密集的割线痕，有的留存釉斑，如考古所发掘的青釉唾壶。琢器类采用拉坯成型，系耳把柄等附件采用模制或捏塑成型，然后黏接。早期青褐釉瓷则采用泥条盘筑法成型，瓷塑类多采用捏塑而成。洪州窑的制瓷技术先进，原料加工工艺进步，对瓷土的选择严格，原料的粉碎和淘洗精细，杂质较少，捏炼和陈腐的过程较长，经过烧结后，胎质变得细腻致密，胎体孔隙度的比例较小，釉层几乎不起气泡，胎釉结合较紧密。胎骨坚硬，已能充分掌握窑炉的烧造技术，控制窑炉的温度。由于洪州窑烧造历史悠久，各个不同的阶段有各自的特征。

一般古瓷作伪者不了解古代制瓷工艺的特殊，往往留下破绽。如洪州窑的青瓷碗、盘、高足杯、花插之类均拉坯成型，而有的仿古者为了追求胎釉、造型的刻意模仿，运用计算机扫描图纸，采用模压注浆成型，采用石膏模注浆工艺，成型后坯表产生许多线条状纹路，一下子就露出了破绽（图301）。

总之，对洪州窑瓷器的鉴定要综合来看，包括制作工艺、造型、胎釉、纹饰、烧造工艺，甚至神态等综合起来才能鉴定出来。鉴别时，要认真仔细地从各个方面去观察，切记不可机械地只从某个方面去鉴别，否则就容易出现差错。

在漫长的历史发展过程中，洪州窑烧制的青釉瓷种类丰富，器型多样，有瓶、双唇罐、罐、盘口壶、鸡首壶、壶、唾壶、虎子、盆、钵、碗、盏、盘、釜、洗、灯、盅、擂钵、碟、香熏、砚台等日用器和耳杯、耳杯盘、灶、井、仓、鸡舍、鸭圈、狗圈等模型以及杯、高足杯等仿金银器的产品。因为烧制工艺的改进和社会需求的变化，不同时期的洪州窑生产不同造型的产品，满足不同阶层消费者的需要，不同时期的产品有了明显的时代特征，这是我们鉴定和鉴赏洪州窑瓷器的重要依据。

图301.仿制青瓷花插

第七章 名品鉴赏

洪州窑遗址分布范围广，规模巨大，历史悠久，工艺精湛，产品多样，烧造历史悠久，是青瓷的发源地之一，是我国南方重要的青瓷基地，和同时代的其他青瓷窑址相比，具有鲜明的个性特征，在制瓷工艺方面有诸多创新，极大地促进了古代陶瓷业的发展。而且所生产的产品多样，器型繁多，胎质坚致细腻，釉色以青釉和青褐釉为主，釉层均匀透明，玻璃质感强，纹饰独特简朴，图案布局规整，刻划、戳印、镂孔、堆塑、点彩等装饰技法高超，诚为同时期其他青瓷窑址所不及，深受当时人们的喜爱，其产品在唐天宝年间一度作为贡品上贡，是我国南方重要的青瓷产地，是唐代六大青瓷名窑之一，在中国陶瓷史上占有重要地位。可以说洪州窑瓷器，件件精美，器器高贵，在市场上具有较强的竞争能力。

1.青釉双系罐 东汉
高14.8厘米　口径9.8厘米　底径11.6厘米

　　口微敛，尖唇，唇沿外侧有一道凸弦纹，短颈,弧溜肩,肩部塑对称半环状系，系下刻划一周水波纹，微弧腹壁，平底微内凹。灰黄色胎，胎质疏松，内壁满釉外壁不及底足施灰黄色釉，内壁釉层较薄，剥落严重，外腹壁可见少许剥落。内底和外腹壁的旋削痕较明显而宽。器物造型和纹饰尚保留有鲜明的印纹陶痕迹。出土于南昌北郊东汉墓，发掘者认为青釉双系罐与附近的洪州窑东汉时的青釉同类器在形制、胎釉以及纹饰等方面相同,应是该窑的产品，这为洪州窑青釉瓷器的生产与消费地的关系以及早期青釉瓷器的研究提供了实物资料[1]。也进一步佐证洪州窑东汉晚期已经能够烧造成熟的青釉瓷器，是青瓷的发源地之一。

---

[1]江西省文物考古研究所：《江西南昌蛟桥东汉墓发掘简报》,《文物》2011年第4期。

2.酱褐釉四系盘口壶　三国东吴

高20.4厘米　口径9.8厘米　底径10厘米

　　1979年南昌市三国吴高荣墓出土，现珍藏于江西省博物馆。盘口，束颈，腹圆鼓渐内收，平底微内凹，肩部均匀置四个横向半环状系，系呈鸭蹼状，极具时代特点。器内外施酱褐釉，釉不及底，露胎处呈现黑褐色，釉汁匀亮有光泽。颈至腹下部分别饰水波纹、弦纹和麻布纹。水波纹意喻江河、弦纹代表旋转的陶轮、麻布纹为纺织品，将自然现象和人工制品融汇于一体，它是抽象与写实相结合的装饰手法，给人以无穷的遐想。纹样装饰与东汉时期基本一致。该器不仅胎质细密，釉色柔和，纹饰古朴，造型规整。而且有趣的是下腹部露胎呈现的黑褐色，有的学者认为是化妆土，有的学者认为是护胎衣，有的学者认为是在烧造过程自然形成的。

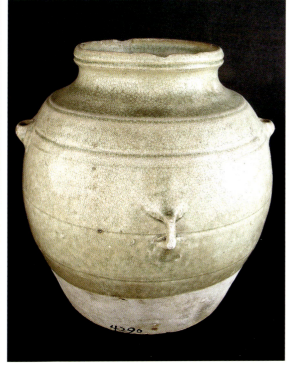

3.酱褐釉双系鸡头壶　三国东吴

高29.5厘米　口径6厘米　底径7厘米

　　现藏丰城市博物馆　尖唇，侈口，短束颈，圆溜肩，肩部一侧塑圆管状鸡首，对称处贴塑双泥条系作鸡尾，鼓腹，平底。深灰胎，口沿以及外腹壁施酱褐釉。鸡头壶，又称"鸡首壶""天鸡壶"，因肩部塑鸡头而得名。出现于三国末年，流行于两晋至隋代，隋以后逐渐消失。该器是早期鸡首壶的典型代表，肩一侧塑象征性鸡首，与器内不相通，开六朝时常见器型鸡首壶的先河。腹中部堆塑附加堆纹，既起固定大型容器的作用，又作装饰之用。器型古朴，薄薄的青褐釉，时隐时现，细长的流釉痕，更显原始美。该器于1984年出水于赣江丰城老闸石，同时出水的青釉瓷器有50多件，器型有鸡首壶、双唇罐、盘口壶、罐、坛、盆等，造型浑圆厚重，胎质坚硬，呈黑灰色，施黄褐色或酱褐色釉，釉不及底，肩部较厚，多处可见流釉现象，釉有剥落，装饰水波纹、麻布纹、方格纹、弦纹等典型东汉纹饰[2]。同时说明洪州窑的瓷器是通过赣江水运到消费地的。

4.青釉四系罐　三国东吴

高18.8厘米　口径10.2厘米　底径13.3厘米

　　江西省博物馆珍藏　罐体呈筒状。尖圆唇，直颈，口沿外侧有一道凸棱，平折肩，腹壁较直，中间略做外鼓，平底。肩部、腹部分别施弦纹将器体分开。肩部塑对称横向半环状泥条系，腹下部塑对称竖向半环状泥条系。泥条系呈鸭蹼状，横向系和竖向系交错对称分布，系的布局做法原始而实用。

[2]鄢云辉：《赣江河床发现的洪州窑瓷器》，《南方文物》2000年第1期。

5.青釉弦纹对角罐　三国东吴
　　高13.5厘米　口径10厘米　底径9厘米

　　江西吉水县博物馆珍藏　直口，方唇，短颈，颈部外壁有一周凸弦纹，溜肩，口沿、肩部刻划弦纹一道，肩部塑对称实心圆锥状角，平底微凹，器型规整。灰白胎，内外壁施青釉，近底部可见积釉痕、釉面细小开片。1994年吉水县富滩东吴墓出土[3]。

[3][4]李希朗：《江西吉水富滩东吴墓》，《南方文物》1996年第3期。

6.青釉水波纹罐　三国东吴

　　高15厘米　口径11.3厘米　底径10.7厘米

　　江西吉水县博物馆珍藏。直口，圆唇，鼓腹，平底微凹，肩部饰刻划一周水波纹，水波纹下饰一周凹弦纹。胎质灰白，内、外壁施青釉。1994年吉水县富滩东吴墓出土[4]。

7.青釉弦纹高柄灯盏　三国东吴
通高12.4厘米　盏口径11.7厘米　托盘口径16厘米　底径8厘米

　　珍藏于江西吉水县博物馆。整器由盏、柄、托盘三部分组成。盏部似豆状，圆唇，弧腹壁，内底圆弧，外壁近口沿饰一周凹弦纹。圆柱状把柄连于托盘。托盘：尖圆唇，敞口，浅腹，平底。灰白胎，通体施青釉，釉面开纹片。该器造型源自早期的陶质类高柄灯。1994年吉水县富滩东吴墓出土[5]。

8.青釉厕所模型　三国东吴
通高13厘米　长25厘米　宽13厘米

　　江西吉水县博物馆珍藏。悬山屋顶，正脊凸出，四垂脊斜出，圆弧形角，长方形盘将屋体托住。正面左侧设门，门内拾级而上往右为茅坑，坑内空，坑口小而方，屋后设排污用小方口与茅坑相通。造型逼真。胎质灰白，通体施青釉，釉面开片。1994年吉水县富滩东吴墓出土[6]。随着人们生活水平的提高，古人不仅要熏衣剃面，傅粉施朱，而且讲究人居卫生环境，备有厕所等卫生设施。茅厕的制作更趋于讲究，由露天发展到盖有屋顶。室内设台阶，上置蹲坑，侧墙设排污口，建筑结构更从人本需要考虑。

[5][6]李希朗：《江西吉水富滩东吴墓》，《南方文物》1996年第3期。

9.青釉羊形器　西晋

高24厘米、长32厘米。

现珍藏于江西省博物馆。羊塑成卧足昂首状，中空。背部四角分别塑一个半环状泥条系。灰胎，除底足外施青釉，釉色偏黄，局部剥落。有学者认为是祭器，有学者认为是陈设器，有学者认为是照明用的烛台，也有学者认为是盛器。羊性情驯良、温和，是一种祥瑞动物，备受人们喜爱。羊的文化内涵丰富，多与美好、丰盛、道义、吉利有关。早在商周时期，其形象就引入青铜器的装饰中，晋代人们乘车常用羊牵引，羊车流行朝野，应是取其吉利，反映了晋人的时尚。

10.青釉点彩鹰首壶　西晋

　　高12厘米　口径17厘米　底径13厘米

　　现藏江西省博物馆　圆唇，短直颈，圆溜肩，弧鼓腹，平底。肩部一侧塑张口鹰首流，对应处塑扁平短尾作装饰，承袭三国鸡首壶的做法。两侧置一对称横向系。灰白胎，口沿以及外壁及底施青釉，釉面开细小纹片。该器别开生面地在口沿、肩部、流及尾、系耳处施褐色点彩，格外雅致。聪慧的窑工巧妙运用造型艺术和装饰手法、施釉技巧有机结合，动物饰点彩，颇有动感，通体浑然天成。该器出土于永安元年（304）墓中，是断代的标准器。

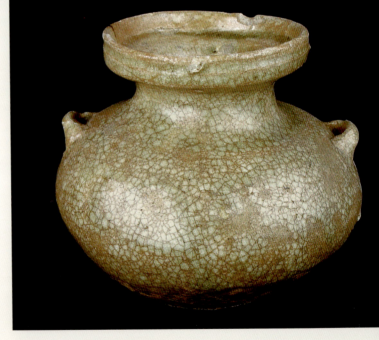

11.青釉双系盘口壶　西晋

　　高6厘米　口径4厘米　底径5厘米

　　江西省博物馆珍藏　浅盘口，圆唇，束颈，扁鼓腹，平底。灰白胎，器壁满施青釉，釉色泛黄。小巧端庄的造型，晶莹剔透的釉面，满身的细开片纹，展现出工匠的创新能力。

12.青釉四系盘口壶　西晋

高17.1厘米　口径11.2厘米　底径9.4厘米

　　江西省博物馆珍藏　盘口浅而大，颈粗短、腹部上部圆鼓，肩部置四个等距的泥条系，器型匀称。外腹壁明显的轮旋痕与弦纹相映成趣，器物造型美观，实用考究。

13.青釉博山炉　东晋

通高21厘米　底径16厘米

　　江西丰城市博物馆珍藏。炉盖做成蓬莱仙山楼阁状，莲峰顶置仙宫，内有仙俑，外有乐伎俑活动。盘中承柱镂三角形，柱足三面各塑3个拍鼓的胡人，尖帽长服，腰系长鼓，拍击作舞蹈状，姿态生动。西域胡人出现在瓷作品中，应是当时中西友好交往、文化交流的物证。

　　我国古代有焚香的习俗，或燃香洁室，或熏衣染被。"欢作沈水香，侬作博山炉"。博山炉又叫博山香炉、博山香熏、博山熏炉等，是中国汉、晋时期常见的焚香所用的器具。常见的为青铜器和陶瓷器。炉体呈豆形，上有盖，盖高而尖，镂空，呈山形，山形重叠，其间雕有飞禽走兽，象征传说中汉代盛传的蓬莱、博山、瀛洲三座海上仙山——博山因而得名。北宋考古学者吕大临《考古图》记载："香炉像海中博山，下盘贮汤使润气蒸香，以像海之四环。"这种盖高耸如山的博山炉逐渐演变成香炉的一个固定类型。

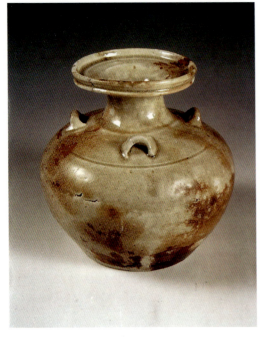

14.青釉四系盘口壶　东晋

高14厘米　□径9厘米　底径8厘米

　　江西省文物考古研究所珍藏　圆唇，浅盘口，束颈，平溜肩，圆鼓腹，平底。肩部二道弦纹间均匀设置四个半环状系。圆鼓器腹，器显矮胖，稳重，莹润亮丽的青釉。局部留存的土锈斑，也难以遮挡作品釉色的圆润，优美端庄的造型。

15.青釉点彩镂空炉　东晋

高5厘米　□径6厘米　底径7厘米

　　丰城市博物馆珍藏　镂空炉呈碗状，圆唇，敛口，腹部中下部外鼓，平底。炉的承托缺失。口沿施五块褐色点彩，彩点呈斑块状，上腹部镂二排三角形孔。灰胎，口沿以及外壁不及底施釉，釉色青灰，由于窑温造成一定的生烧。晶莹亮润的釉面上开细小冰裂纹，给人一种冰清玉洁之感。典雅、精致的香炉，除了熏衣、祭祀娱神场所使用外，另一个重要的作用就是文人把它作为书斋的陈设品，既可以起装饰作用，又可以驱除污浊之气、清洁环境，调节情绪。古代就有"红袖添香夜读书"之说。

16.青釉折腹盖罐　东晋

通高9.2厘米　罐口径7.8厘米　底径8.2厘米　高 7.9厘米　盖径8.5厘米　残高2厘米

　　江西省文物考古研究所藏　折腹盖罐由器身和盖合成。罐身：圆唇，敛口，上腹斜直较长，下腹较短，急内收，上下腹之间形成一道折棱，平底。上腹外壁与外底各饰三周凹弦纹。罐盖：纽残。子母口，盖面略隆起，盖顶平。灰胎，器身内、外壁以及盖面施青绿釉，釉面开冰裂纹。发掘者认为从青釉器胎釉特征来看，与洪州窑同时期的产品特征一致，应为洪州窑产品。是洪州窑发现的新品种[7]。

[7]江西省文物考古研究所、江西南昌市博物馆：《江西南昌市星辉加油站东晋墓发掘简报》，《南方文物》2010年第4期。

17.青釉鸡首壶　南朝

高26.8厘米　口径11厘米　底径14.8厘米

　　江西省博物馆藏　圆唇，唇沿外撇，盘口较深，束颈，鼓腹，平底。灰胎，口沿以及外壁不及底施青釉。与东晋鸡首壶相比，壶颈细长，壶身增高，圆溜肩部置桥形系，肩一侧塑鸡头，鸡冠突出，圆嘴与器腹相通，另一侧置圆股状把手，器型规整修长。雄鸡作为阳性的象征，古人把它视作能禳灾、除百病的神灵之物而加以信奉。

18.青釉六系盘口壶　南朝

高28厘米　口径14.2厘米　底14.7厘米

　　江西省博物馆珍藏　圆唇，口沿外撇，盘口较深，束颈，圆鼓腹，圆饼足。肩部贴附六个桥形系，系之大小相同，分两组对称相贴，系耳规矩方整。桥形系使器物的提携方便稳固，同时使圆鼓的器腹有了棱角的变化，增添了作品的美感。灰白胎，口沿以及外壁不及底施釉，釉呈青色。釉面开细纹片。

19.青釉八系盘口壶　南朝

高28厘米　口径12厘米　底径17厘米

　　个人藏品　圆唇，口沿外撇，盘口较深，束颈，圆鼓腹，圆饼足。灰黄色胎，口沿以及外壁至底施釉，釉色泛青黄色。器物端庄的造型，肩部配以方正的六个桥形系，作品的灵性气息油然而生。釉面玻璃质感强，黄色釉开细冰裂纹。特别是盘口下对称的坠耳系，犹如风姿绰约的美女，挂上一对摇曳迷人的青绿色玉耳环，楚楚动人。

20.青釉喇叭瓶　南朝
高30厘米　口径14厘米　底径11厘米

江西省博物馆藏　圆唇，撇口，细束颈，圆鼓腹，外壁满施青黄色釉，足墙处有一周积釉痕。胎坚硬细腻，青釉亮丽，釉面开细冰裂纹。

21.青釉托杯　南朝
通高12厘米　口径7.7厘米　底径6.6厘米

江西省博物馆藏　杯置于喇叭形高足浅弧腹盘中间，用釉覆盖，连接形成一个整体。杯：圆唇，直口，深腹，足高。盘：圆唇，敛口，弧腹，高喇叭状足。灰白胎，外壁满施青釉，釉呈黄绿色，釉汁莹亮，器无纹饰，釉面开冰裂碎片，整器古朴大方，高雅端庄。我国有发达的酒文化，出土许多酒具文物。此套青瓷托杯，不失为南朝精巧的酒具。

22.青釉莲瓣纹托碗　南朝

通高12厘米　碗口径16厘米

　　江西省博物馆藏　盘内底和碗外壁分别刻饰莲瓣纹，使碗与托盘相配成一个整体，宛如一朵盛开的娇艳柔美的莲花，罩以莹润的青釉，成为一套造型优美、纹样精美的典雅茶具。当饮茶者端着这类盛有茶汤的碗时，犹见一泓碧绿湖水，品茶者似乎沉浸在自然豁达、悠闲自在、情趣盎然的境界中。吉安县齐永明十一年（493）墓出土[8]，造型硕大，纹饰精细，为存世罕见之珍品。茶托子是一种以承托茶盏（碗），又称"茶船"的茶具，据宋程大昌《演繁露》载："托始于唐，前世无有也,(蜀相)崔宁女饮茶,病,盏热熨指,取碟子融蜡像盏足大小而环结其中,置盏于蜡,无所倾侧,因命之探漆为之,宁喜其为,名之曰托,遂行于世。"　可知托始于唐建中年间(约780—784)。该器内底有一圆圈凸起，便于承托碗类器皿，证明洪州窑至少在南朝时就能生产这类精致的碗托。其实碗托、盏托的历史，还可往前推，前述吉水富滩三国东吴墓出土的青瓷擂钵、青瓷带盖钵、青瓷盏托的发现,当视为我国目前发现较早的成套茶具。仅就茶托子(青瓷盏托)而言,它是我国目前所见最早的实物。江南是茶叶的盛产地，汉晋时渐形成饮茶习俗，碗（盏）托的流行是这种风尚的历史见证物。

23.青釉莲瓣纹盘　南朝

高4厘米　口径25厘米

　　现珍藏于江西博物馆　敞口，弧腹壁，圆底。罩以均匀的青釉，纹样格外清晰优美，釉汁肥润，呈炒青黄色，釉面开冰裂碎片。内底心一周弦纹内饰十三个同心圆纹，示为莲蓬芯，外围双层莲瓣纹，中央的重圈莲芯意味宝珠，加之盛行的莲花图案，更显佛教在人们心目中的地位。该作品出自齐永明十一年（493）墓中，形制规整，胎质细腻，釉层莹润，图案布局合理，且具层次感，是一件珍贵的艺术品。加之釉色的衬托，烘托出中央的莲花图案，好似一幅江南盛夏荷莲花开的田园美景图。"出污泥而不染，濯清涟而不妖"，古人将莲花视为美好、圣洁的象征。

[8]平凡、许智范：《江西吉安南朝齐墓》，《文物》1980年第2期。

24.青釉象首流军持　隋代

高23厘米　口径2厘米　底径8厘米

　　江西省博物馆藏　喇叭口，细长颈，浑圆腹，圆饼足。口上塑一假盖，纽为敛口小盂，纽座饰菊花。肩部塑象首流。

　　军持为梵语，最早见于晋人《法显传》曰："法显亦以君墀及澡罐并余物弃掷海中……"是一种宗教用器，意为净瓶，僧人云游时随身携带的贮水器。有绿釉、青釉、黄釉、酱釉和素胎，纹饰有龙纹、莲瓣纹、弦纹等。专用于外销的器型，产品主要销往东南亚地区。以往人们多用唐代诗人贾岛《访鉴玄师侄》中"我有军持凭弟子，岳阳溪里汲寒流"的诗句，说明唐代已开始出现。这件器物证明至少在隋代洪州窑已经生产青釉军持，是目前所见最早的军持实物。

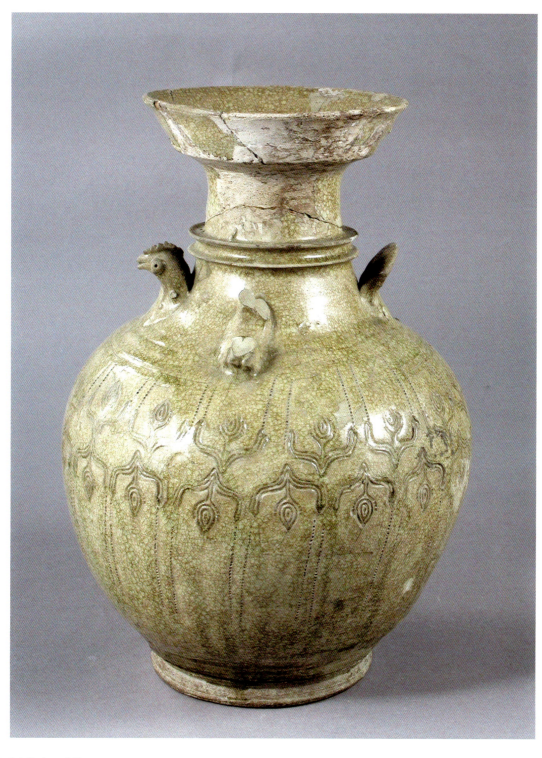

25.青釉双系鸡首壶　隋代

高30厘米　口径13厘米　底径13厘米

　　江西省博物馆藏　圆唇、撇口，盘口较深，束颈，长颈中部塑两道凸弦纹。肩部一侧置象征性的鸡首流，对应的另一侧贴塑扁平微翘的鸡尾。两侧对称系为竖向双泥条。腹部装饰仰、覆相对的双勾莲瓣纹。佛教自东汉从印度传入中国以来，魏晋时崇尚，莲花图案自晋以后风靡中国各类工艺品，瓷作品也不例外。该器形体硕大，造型挺拔，注重装饰布局，采用刻划、锥刺、贴塑、堆雕等装饰手法，为难得一见的珍品。有学者认为该器为东晋时期，但是颈部塑凸弦纹、腹部莲瓣纹的表现手法以及方形莲瓣布局，都极具洪州窑隋代青瓷的特征。

26.青釉印花钵及印模　隋代

钵高6厘米　口径20厘米　底径8厘米　印模长6厘米

　　钵：圆唇，侈口，弧腹壁，深腹，圆底。灰白胎，内壁满釉外壁不及底施釉，釉呈青黄色，釉面满开冰裂纹。钵内底单体戳印三朵宝相花，外围戳印四朵宝相花和四朵枝叶纹，宝相花和枝叶纹间隔分布。模呈长束腰状，两端刻花。一端为圆形，刻宝相花；一端为椭圆形，刻枝叶纹。而钵内的花纹正好是模印的宝相花和枝叶纹，两者完全可以相互印证，真可谓一拍即合。

　　隋代装饰最为丰富，绝大多数采用单体戳印技法，这是洪州窑的一种精湛、创新的装饰手法。单体戳印技法简洁，加工快捷，搭配方便，图案多样。具体做法是：先做成阳突花纹的印模，经高温烧成坚硬瓷质。用印模在尚未干透、略有软性的素胎上单个戳印，器坯再施釉，入窑烧成，显出釉下凹入的花纹。纹样有宝相花、梅花、水波纹、蔷薇花、朵花、草叶花和各种枝叶纹等。装饰在盘、碗、钵等器物的内壁，以中心对称的方式布局，图案清晰，线条分明，整齐精巧，匀称平衡，主次分明，显得清新自然，充满生活气息。

27.青褐釉重圈纹杯　唐代
高4.8厘米　口径8厘米　底径4厘米

　　丰城市博物馆藏　圆唇，侈口，直腹壁，圆饼足内凹。深灰胎，内壁满釉外壁不及底足施釉，釉呈青褐色，釉面有细小纹片。外腹壁戳印二周重圈纹。器型修长，纹样规整清晰，制作精致。模仿波斯凸纹玻璃杯的式样，釉色呈青褐色，为唐代洪州窑的典型作品。唐代中西文化交流频繁，洪州有专门的胡肆，供胡商交易，也有管理胡商的专门管理机构，可见赣鄱地区与西亚交流的频繁，商业的兴旺。

28.青褐釉多足辟雍砚　唐代

高5.5厘米　砚径14厘米　足高4厘米

现藏丰城市博物馆　敞口，直腹壁，砚堂微凹，周边有一周凹水槽，有如周围环水状，与西周天子所设太学、校址圆形，四周环水相似，故名为"辟雍砚"。平底，底沿塑20个马蹄足，腹壁一侧塑一对椭圆形敛口小盂，作为笔插。灰胎，施黄褐色釉，玻璃质感强，釉色莹润精美，既是考究的文房用具，又是一件十分高档的陈设艺术珍品。唐时期国力强盛，文化发达，文人不但在饮茶时追求器物的体形美和象征喻意，而且在咏诗作画时，也要求器皿具形体美和富有象征意义，追求"涤砚松香起，擎茶岳影来"的意境。该器于1995年在寺前山洪州窑遗址出土，瓷质细腻，施釉莹润，造型奇特，秀丽庄重，更是难得的稀世珍品，1998年入选"全国十大考古新发现"珍品在北京展出。

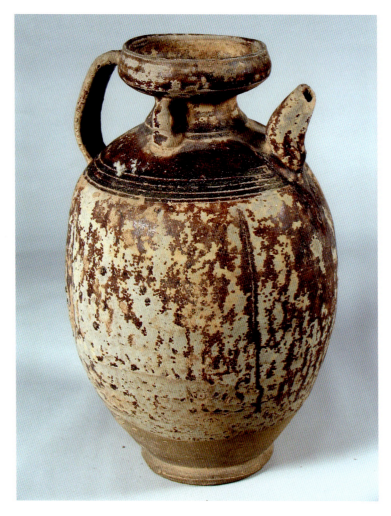

29.酱褐釉盘口执壶　晚唐五代

高26厘米　口径6厘米　底径13厘米

江西省博物馆藏　圆唇，敛口，浅盘口，短束颈，圆溜肩，椭圆形瓜棱腹，圆饼足，足缘外伸。肩部一侧塑短弧流，对应的另一侧盘口沿与肩部塑扁平把柄。肩部装饰一组弦纹。深灰胎，胎质疏松，口沿以及外腹壁施酱褐釉，釉层较薄，多有剥落。这类执壶处在有盘口壶向北宋执壶的转变过程中，有着承上启下的作用。

30.酱褐釉执壶　五代

高27.5厘米　口径8.5厘米　足径8.5厘米

丰城市博物馆藏　方唇，口微侈，颈外侧有一周凸棱，颈肩无明显界线。肩部饰一组弦纹，壶身较瘦长，假圈足，多内凹。肩腹部一侧设短弧流，对应的颈肩置扁平执柄。另外一侧贴塑对称竖向半环状系。灰泛紫色胎，口沿以及外壁不及底施褐釉，部分剥落。

后记

　　终于完成了《中国古代名窑——洪州窑》的文稿，可以交稿了，虽没有按照原定的时间，甚至没有完全按照出版社发出催稿函的最后时间。交稿了，心中沉甸甸的一块大石头终于落地了，三年的欠债总算有了一个交代。这几天感想颇多，一是没有想到当初觉得可以比较快完成的任务，竟然拖了整整三年。二是没有想到这些年来我们会这么忙，忙得几乎没有一丁点的空隙，真的没有多余的时间！三是没有想到我们竟然坚持下来了，最后完成了任务。

　　洪州窑是唐代著名的青瓷窑场，不但在江西，甚至在中国陶瓷史上都占有重要的地位。我们对洪州窑关注、研究多年，对其倾注了比较多的心血，有一定的积累，也有不少设想和愿景。回想当初接受这个任务，就是为了实现部分愿景。现在我们的愿景得以实现，书稿得以完成，这些都是在诸多领导、朋友的大力帮助下完成的，对此充满无限感激。首先要感谢江西新华发行集团总经理涂华先生，是他的远见卓识，使得这套丛书得以出版；是他的专业素养，使得洪州窑纳入到《中国古代名窑》这套丛书中。其次，非常感谢丰城市文物局局长、丰城市博物馆馆长赖洪生先生及丰城市博物馆的全体同仁，感谢他们长期支持洪州窑的考古、发掘、研究、宣传和经费上的鼎力相助。当然本书的完成，自然少不了江西美术出版社原发行部主任孙浩洲先生的无私帮助，是他极力推荐的结果。值此书稿出版之际，我们还要感谢江西美术出版社原副社长刘杨和编辑陈波、窦明月三人，尤其是窦明月编辑的耐心和诚恳，使得我们有信心完成任务。对他们的付出，不管是思想、观点，还是辛苦，表示由衷的感谢，谢谢，谢谢你们！

　　历史已远去，为了明天，洪州窑的研究我们还会继续！

作 者

2014年7月18日

图书在版编目（CIP）数据

中国古代名窑. 洪州窑 / 赖金明，张文江著. —— 南昌：
江西美术出版社，2016.5（2019.6重印）
ISBN 978-7-5480-4278-5

Ⅰ. ①中… Ⅱ. ①赖… ②张… Ⅲ. ①民窑－瓷窑遗
址－介绍－丰城市 Ⅳ. ①K878.5

中国版本图书馆CIP数据核字(2016)第069392号

总 策 划：陈　政
主　　编：耿宝昌　涂　华
副 主 编：王莉英
编　　委：（以姓氏笔画为序）

王建中	王莉英	王健华	叶文程	朱金宇	任世龙	刘　杨	刘　浩
汤苏婴	孙新民	杜正贤	李一平	余家栋	张文江	张志忠	张浦生
陈　政	林忠淦	周少华	赵文斌	赵青云	耿宝昌	郭木森	涂　华
彭适凡	彭　涛	谢纯龙	赖金明	霍　华	穆　青		

责任编辑　窦明月　陈　波　曾光辉
助理编辑　林　通
责任印制　吴文龙　张维波
书籍设计　梅家强　P 先鋒設計 PIONEER DESIGN
电脑制作　江西华奥印务有限责任公司

中国古代名窑系列丛书
ZHONGGUO GUDAI MINGYAO XILIE CONGSHU

洪州窑
HONGZHOUYAO

著者：赖金明　张文江
出版：江西美术出版社
社址：南昌市子安路66号
邮编：330025
电话：0791-86565819
网址：www.jxfinearts.com
发行：全国新华书店
印刷：浙江海虹彩色印务有限公司
版次：2016年5月第1版
印次：2019年6月第2次印刷
开本：965×1270　1/16
印张：12
ISBN 978-7-5480-4278-5
定价：120.00元